Helmut Aigelsreiter

JUNG BLEIBEN BEIM ÄLTER WERDEN

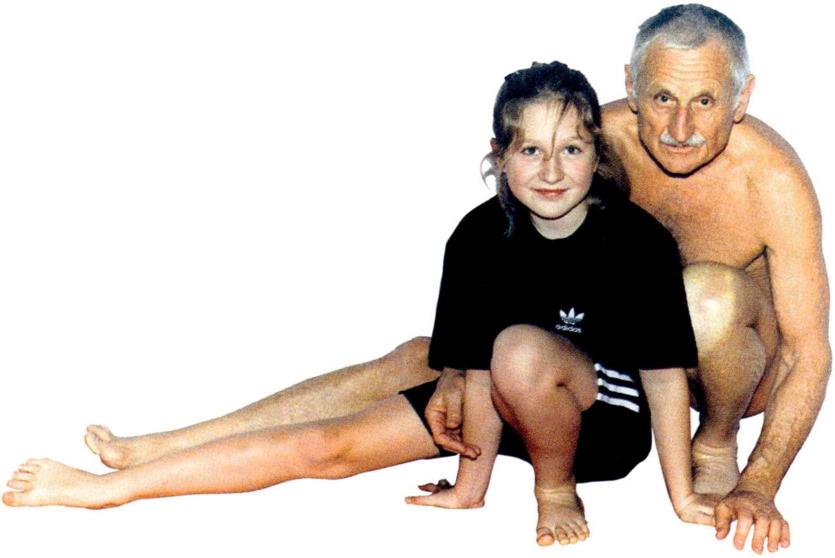

Dieses Buch widme ich meinen Töchtern Alena und Ariane, sowie meiner Frau Ottilie.

Demonstratoren: Alena Aigelsreiter, Helmut Aigelsreiter, Autor.

Titel: JUNG BLEIBEN BEIM ÄLTERWERDEN
Keine Haftung für eventuelle Schäden bei Übungen.

Erschienen im Eigenverlag des DKB-Institutes
Untere Teichstraße 88, A-8010 Graz
Tel. 0316 / 46 61 41,

ISBN: 3-9500535-3-0

Redaktion: Helmut Aigelsreiter, Graz
Umschlaggestaltung: Helmut Aigelsreiter, Alexander Kurz
Layout: Helmut Aigelsreiter, Werbeagentur Kurz&Co
Photos: Photostudio Ing. Ernst Einfalt, Nansenstr. 17, 8680 Mürzzuschlag
Druck und Bindung: Druckerei Ing. H. Kurz GmbH, Bahnhofstr. 3, 8665 Langenwang

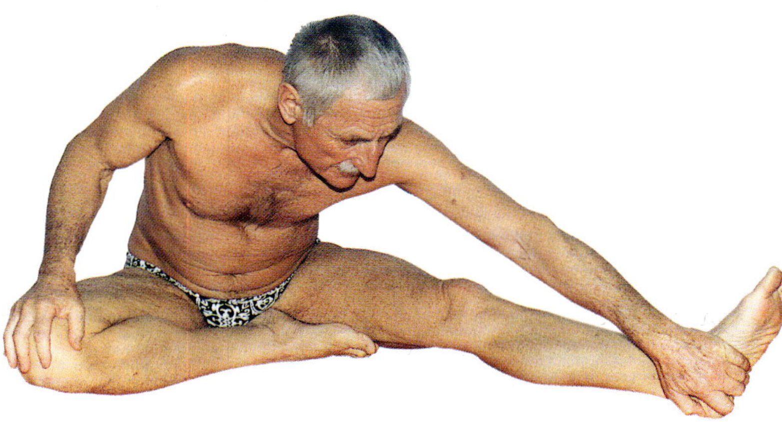

BEWEGLICHKEIT IST KEINE HEXEREI!

Inhalt

„Die Übungen der Kapitel I., II., III. eignen sich gut als Vorbereitung auf den Schul- und Rennschilauf!"

IV. Spezielle Beweglichkeitsübungen für Wirbelsäule, Beckengürtel, Schultergürtel und Extremitätengelenke

„Diese Übungen eignen sich gut zum Dehnungstraining!"

V. Allgemeines

Einleitung

Der Leidensweg des jungen Aigelsreiter

Mein Leidensweg begann mit dem Zeitpunkt, als ich mich als begeisterter, um nicht zu sagen, als besessener Schiläufer den Qualen der sogenannten „STAATLICHEN SCHILEHRERAUSBILDUNG" ausgesetzt habe. Damals herrschte Gott „K r u c k i o n" (Kruckenhauser) am „A r l y m p o s" (Arlberg) uneingeschränkt über alle Schizwerge Österreichs. Er allein hatte alle Macht in Händen, er bestimmte diktatorisch Schitechnik und Methodik.

Rückblickend kann man seine sogenannte „V e r w i n d u n g s t e c h n i k" im wahrsten Sinn des Wortes als „B a n d s c h e i b e n t e c h n i k" bezeichnen, unter der die Schination Österreich zu leiden hatte.
Auch meine Bandscheiben wurden ein Opfer seiner Schitechnik. Durch permanente Fehlbelastungen der Wirbelsäule war mein Bandscheibenschaden „perfekt", und ich zum Sportkrüppel gestempelt.
Die im Volksmund bezeichneten „K r e u z s c h m e r z e n", gepaart mit enormen Bewegungseinschränkungen, quälten mich beinahe zu jeder Tages-und Nachtzeit.

In diesem Zustand vertraute ich mich blind den „Göttern im weißen Mantel" an. Auf rasche Heilung hoffend, ließ ich geduldig alle üblichen zeit- und kostenaufwendigen Behandlungsmethoden wie Rheumapflaster, Einreibungen, Heißluft, Massagen, Unterwassermassagen, Moorpackungen, Fangopackungen, Schlingenstreckungen, Streckbettstreckungen, Spritzen-Kuren, etc. e r f o l g l o s über mich ergehen. Mein beinahe zweijähriges Versuchskaninchendasein mit Schmerzmitteln jeder Art sollte durch einen K r ö n u n g s a k t in Form einer Bandscheibenoperation besiegelt werden.
Da ich schon damals von derartigen Krönungen wenig hielt und nicht weiterhin meinen Körper zu Versuchszwecken zur Verfügung stellen wollte, verweigerte ich diesen ungewissen Hürdensprung und auch die weitere Einnahme von Medikamenten und Spritzen.

„Wenn die Not am größten, ist Gott am nächsten"!

Mein mir vorgegebener Weg war der richtige.
Ich nahm mein Schicksal selbst in die Hand und begann mit Bewegungstherapie in Form von Dehnungs- und Kräftigungsübungen meine Muskel gezielt zu trainieren. Bereits nach einem halben Jahr zeigte mein stundenlanges, tägliches Üben Wirkung. Der erhoffte Erfolg stellte sich allmählich ein und nach ca. zweieinhalb Jahren war ich schmerzfrei, beweglich und fit. Seither übe ich täglich meine speziellen Programme, die u. a. auch im „DKB-System" manifestiert sind.

Bei meinen zahlreichen Vorträgen und Seminaren lehre ich meinen Teilnehmern auf Grund meiner Eigenerfahrungen Möglichkeiten der Selbstbehandlung ohne Medikamente bei Problemen am Bewegungsapparat.

Das vor etwa 20 Jahren erschienene „DKB-System" von Dr. Lanz und Dr. Aigelsreiter kann dem helfen, der versteht, daß man Schmerzen, Arthrosen, Bandscheibenschäden etc. nicht zufällig bekommt und daher aktiv an sich selbst arbeiten will. Das einzige „Organ" des menschlichen Körpers, dessen Steuerung direkt unserem eigenen Willen unterliegt, ist der Bewegungsapparat. Wie ich aus Eigenerfahrung weiß, kann eine ursächliche, in die Steuerung des Organs eingreifende Behandlung der Überlastungsschmerzen und Haltungsfehler nur durch Selbstbehandlung erfolgen.

Aus der Fülle der dargebotenen Übungen können Sie ihre individuellen Trainingsprogramme bereichern.
Für Ihr tägliches Üben wünsche ich Ihnen viel Spaß und Erfolg.

Mögen Sie beim

ÄLTERWERDEN JUNG BLEIBEN.

Dieses Buch kann keinesfalls als Ersatz des „DKB-Buches" verstanden werden – es stellt mit seinem reichhaltigen Übungsangebot eine sinnvolle Ergänzung zum „DKB-System" dar.

adidas
adidas

Urgleichnis:

Das 1 x 1 des Lebens

7jährig = 7Ø jährig
8jährig = 8Ø jährig

LASS STEHN DIE 7 UND 8,
DANN IST'S VOLLBRACHT,
DENN Ø IST KEIN'S,
DAS IST DES LEBENS 1 X 1.

* Frei nach Goethes Hexen 1 x 1

ERST WENN DU ERKENNST,

DASS NUR DU ALLEIN

FÜR DICH VERANTWORTLICH BIST,

KANNST DU MIT DIR UND AN DIR

ETWAS VERÄNDERN.

KÖRPER PFLEGEN

DURCH BEWEGEN,

UND NICHT:

KÖRPER SCHONEN

DURCH SITZEN,

LIEGEN,

UND WOHNEN.

WAS DEIN SCHÖPFER

DIR GEGEBEN,

ERWIRB ES

TÄGLICH,

UM ES ZU BESITZEN

I. Schulung der allgemeinen Beweglichkeit und der Bewegungskoordination

a) Übungen im Stand

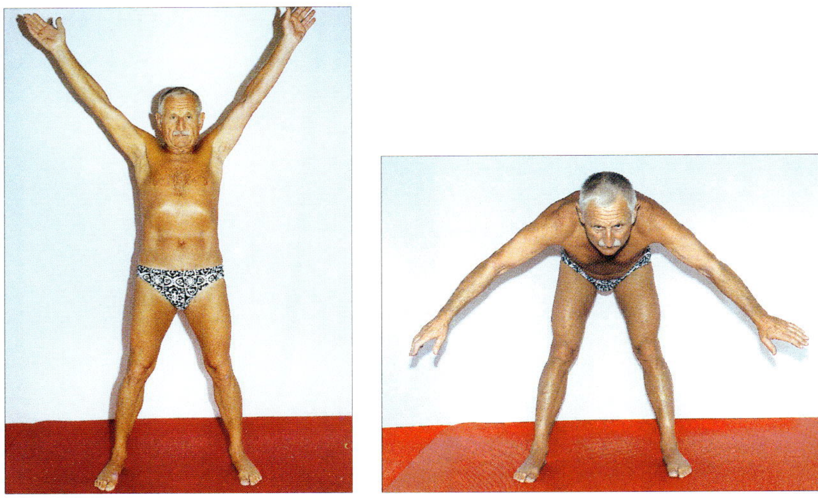

Kreisen beider Arme mit gleichzeitigem Vorsenken des Rumpfes

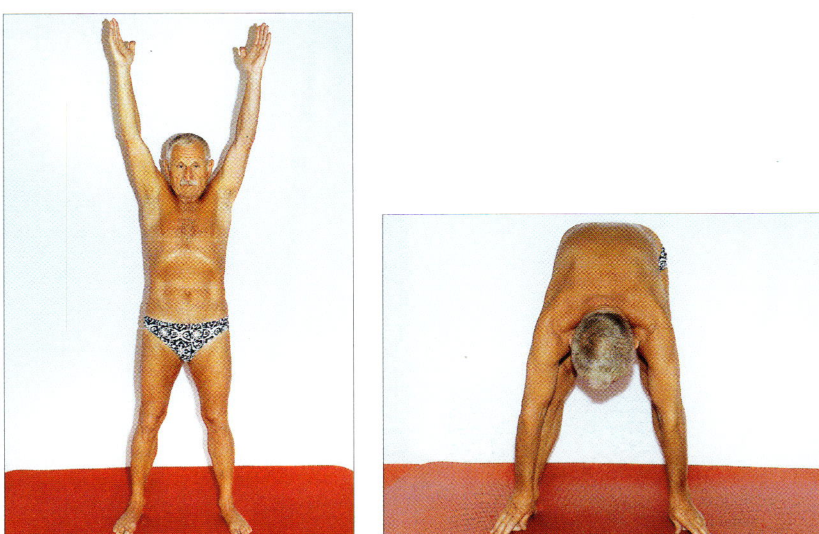

Rumpfvorbeugen. Hände berühren die gegrätschten Füße

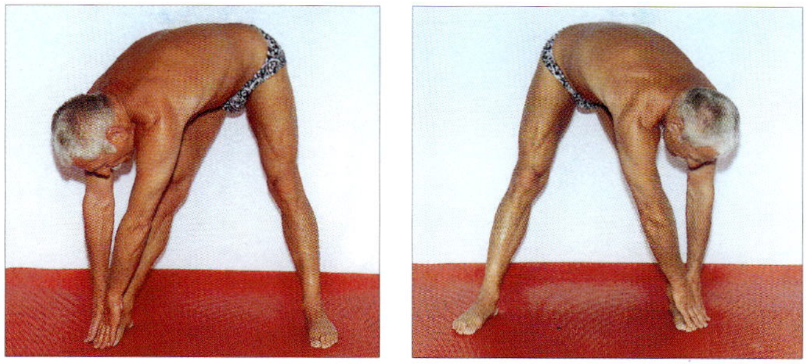

Wechselseitiges Rumpfbeugen nach links und rechts

Schwungvolles Vor- und Rückbeugen des Rumpfes

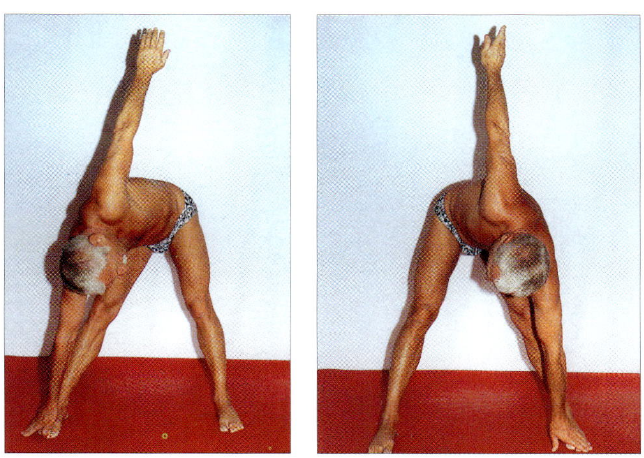

Seitgrätschstand, Oberkörper vorbeugen,
schwungvolles Drehen des Rumpfes nach links und rechts

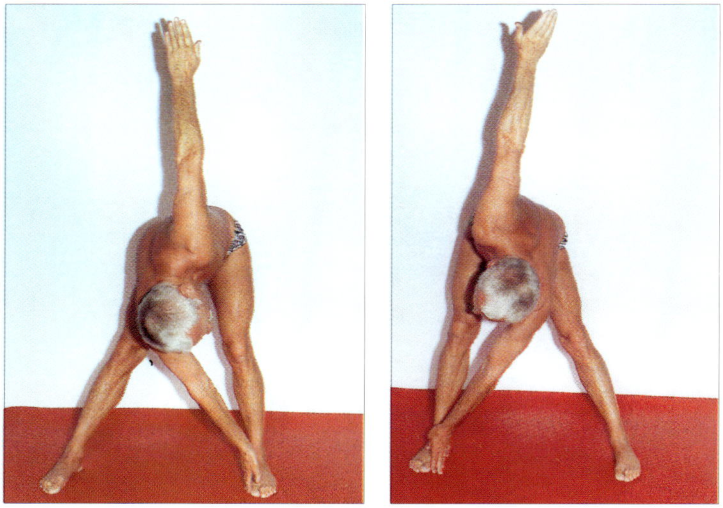

Seitgrätschstand, Rumpfdrehen, linke Hand zum rechten Fuß und umgekehrt

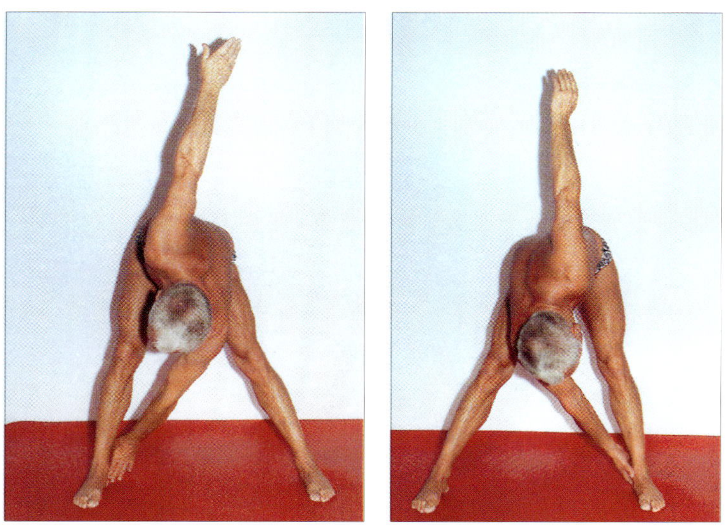

Seitgrätschstand, Rumpfdrehen, linke Hand zur rechten Ferse und umgekehrt

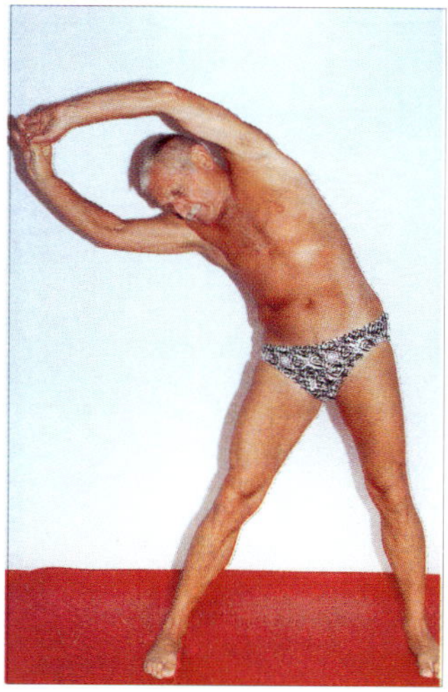

Weites Rumpfkreisen,
Arme in Hochhalte

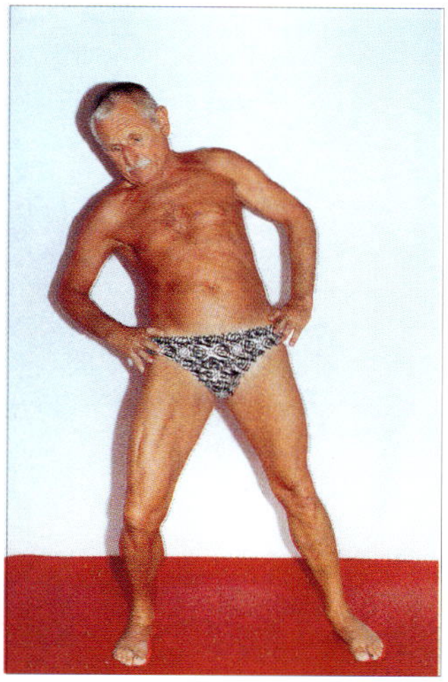

Weites Kreisen des Beckens

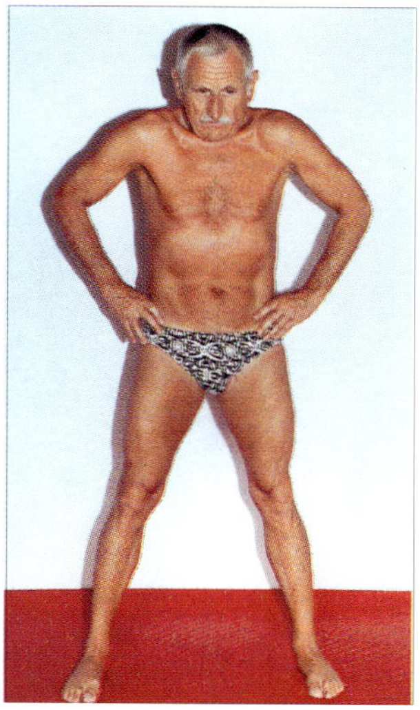

Kreisen der Schultern vorwärts und rückwärts

b) Übungen im Kniestand und Kniesitz

Rascher Wechsel zwischen Kniestand und Kniesitz

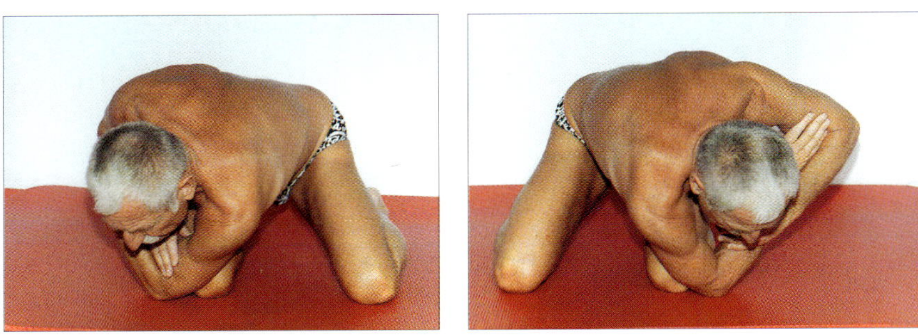

Kniestand gegrätscht, Vorbeugen des Rumpfes,
verschränkte Arme berühren Boden außerhalb der Knie

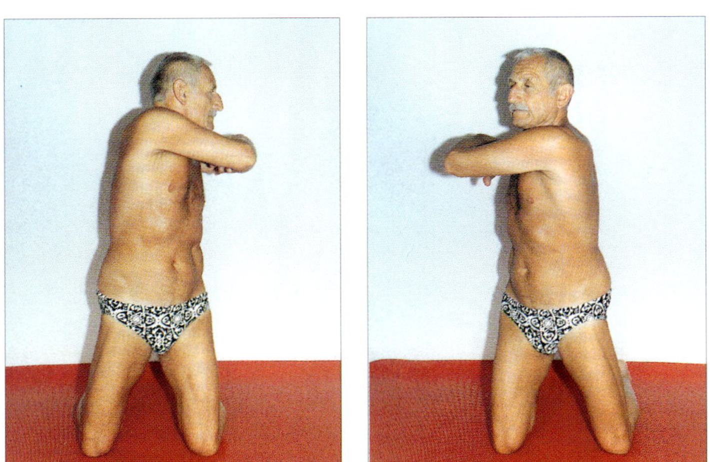

Kniestand, Drehen des Rumpfes nach links und rechts mit verschränkten Armen

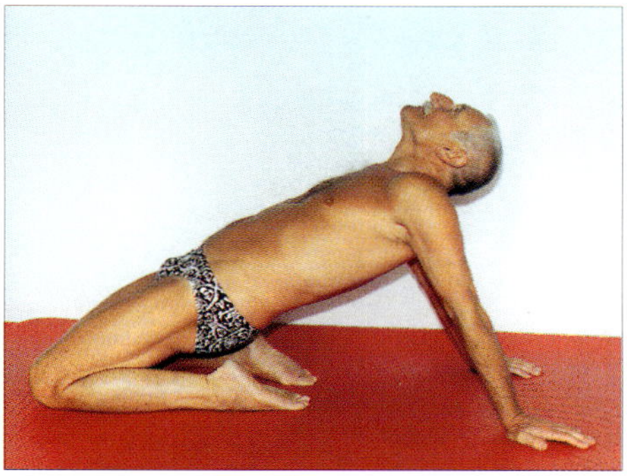
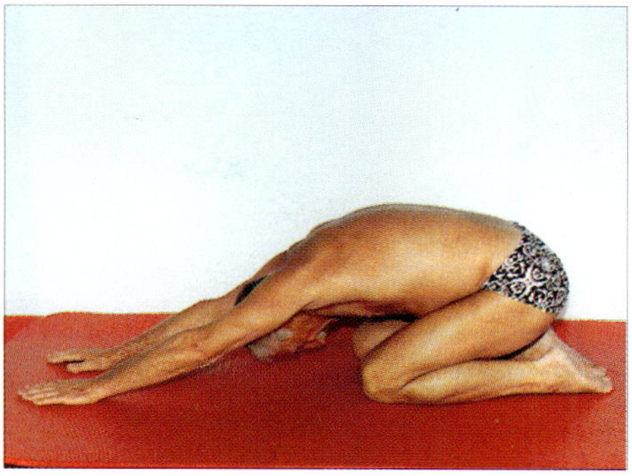

Kniesitz, Arme bis zur Dehnung rückwärts und bis zur Streckung vorwärts bewegen

Kniestandwechsel mit gleichzeitigem Vorwippen auf
gestrecktes rechtes Bein, dann Beinwechsel

Kniesitz links, Vorwippen auf gestrecktes rechtes Bein, dann Beinwechsel

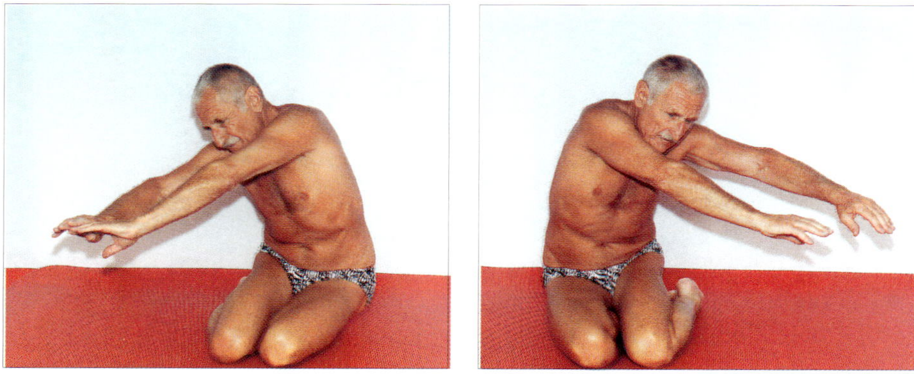

Wechsel zwischen Kniesitz links und rechts

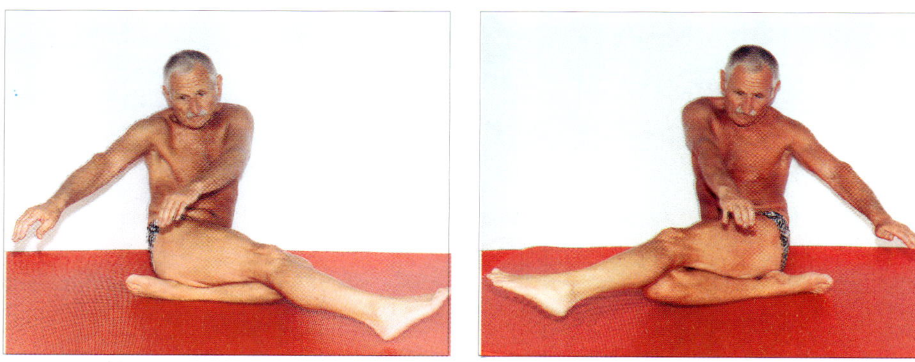

Wechsel zwischen Kniesitz links und rechts, zweites Bein seitlich wegstrecken

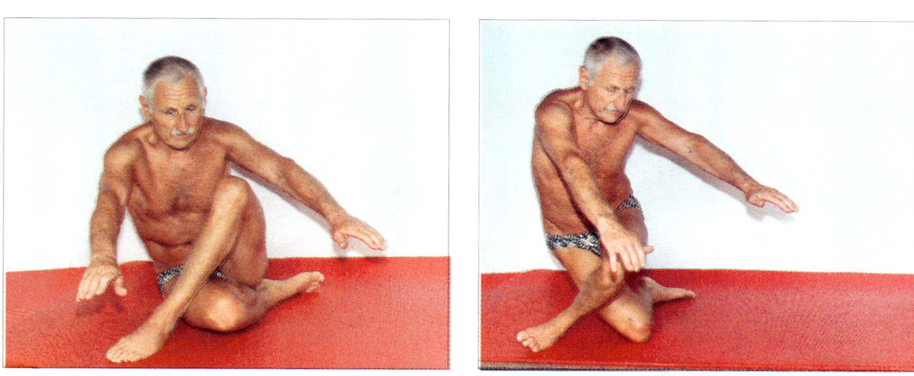

Kniesitz rechts, linkes Bein außerhalb des rechten Knies auf Boden gestellt,
Wechsel zwischen Kniesitz und Kniestand rechts

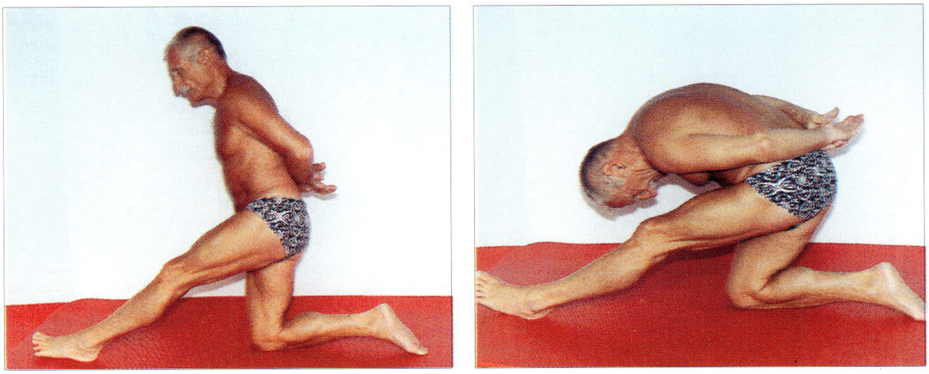

Kniestand rechts, Arme am Rücken verschränkt,
Vorwippen, bis die Stirn das Knie des gestreckten Beines berührt, Beinwechsel

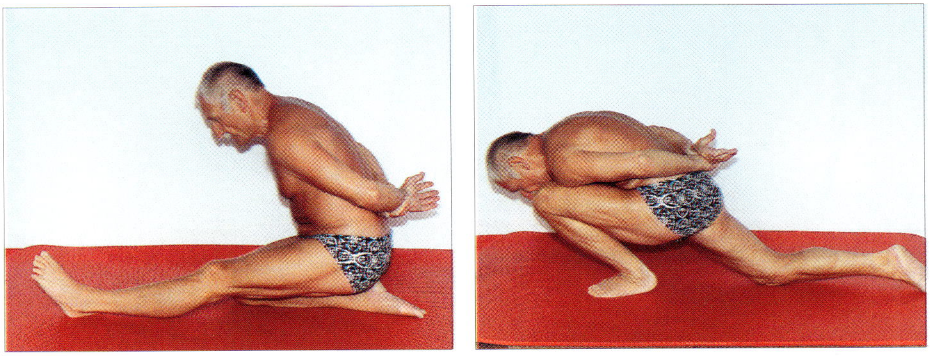

Kniesitz rechts, Arme am Rücken verschränkt,
Oberkörper vorschieben, bis Brust auf linkem Knie aufliegt, Beinwechsel

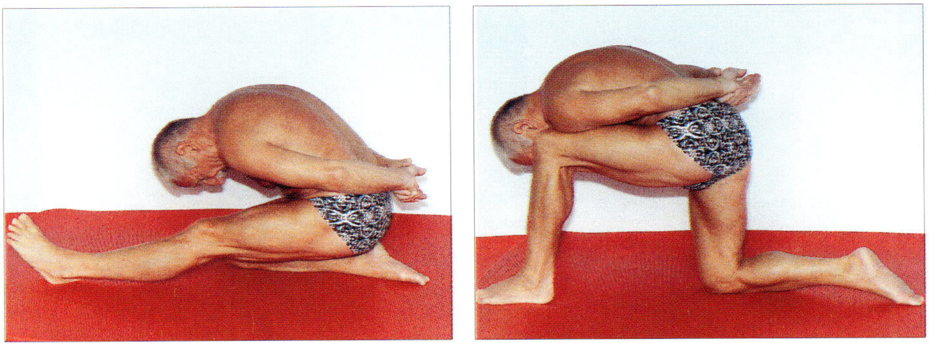

Wechsel zwischen Kniesitz und Kniestand rechts,
Brust bleibt immer auf linkem Knie, Beinwechsel

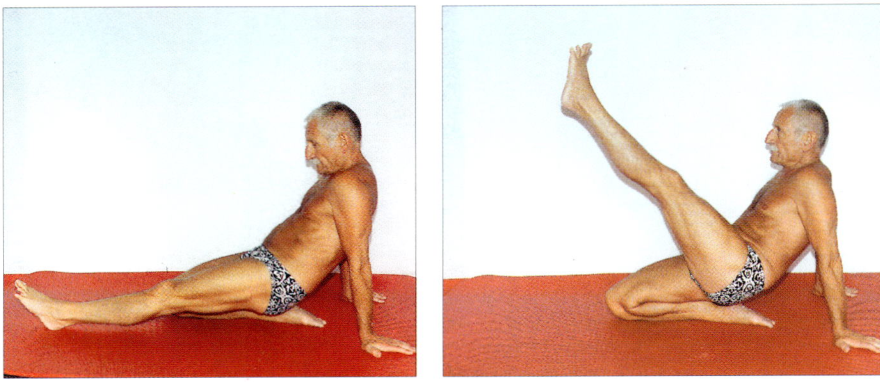

Kniesitz rechts, linkes Bein vorspreizen, Beinwechsel

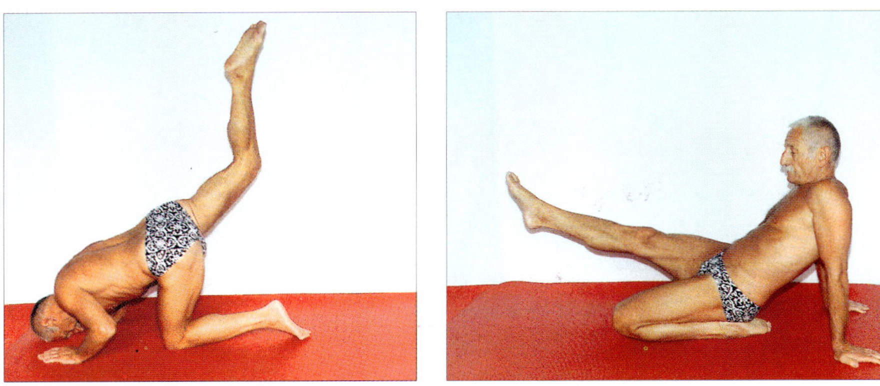

Wechsel zwischen Kniestand und Kniesitz links mit Rück- bzw.
Vorspreizen des rechten Beines, Beinwechsel

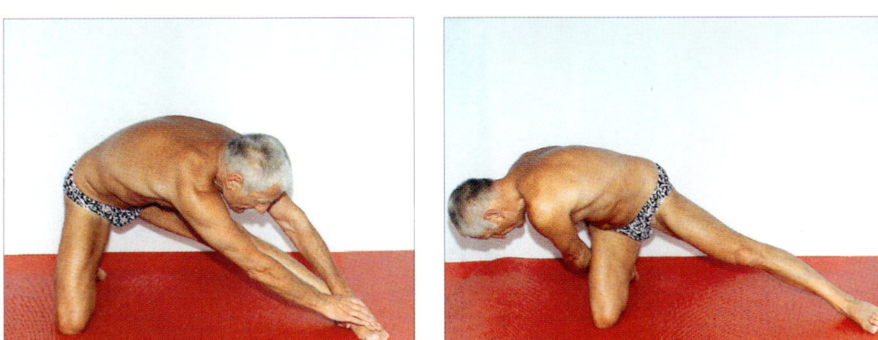

Kniestand rechts, Seitwippen zum gestreckten
linken Bein und zum gebeugten rechten Bein, Beinwechsel

c) Übungen im Hürdensitz und Schneidersitz

Vorwippen bis Stirn das Knie des gestreckten Beines berührt, Beinwechsel

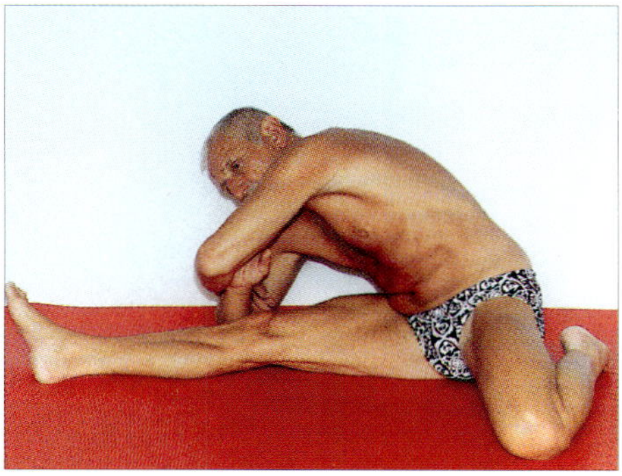

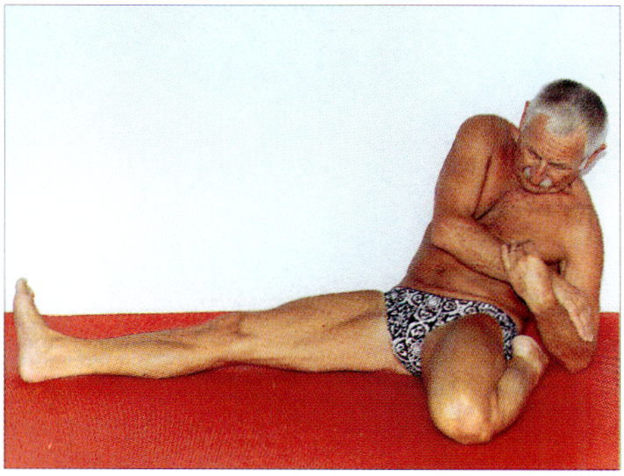

Seitwippen mit verschränkten Armen, Ellbogen berühren Boden außerhalb der Knie, Beinwechsel

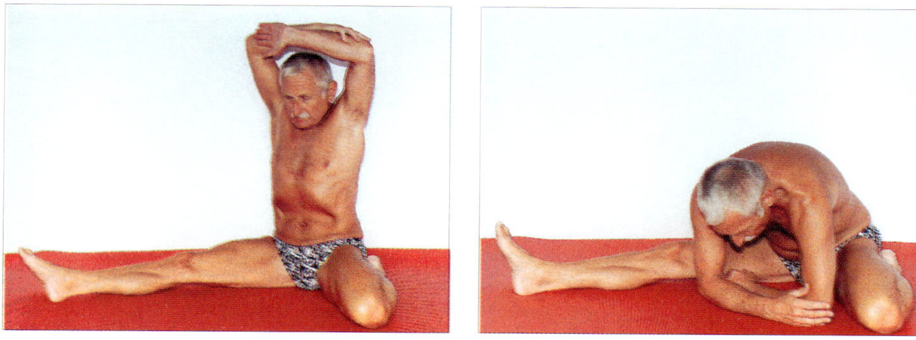

Vorwippen mit verschränkten Armen bis zum Boden, Beinwechsel

Verschränkte Arme berühren Boden außerhalb der Knie

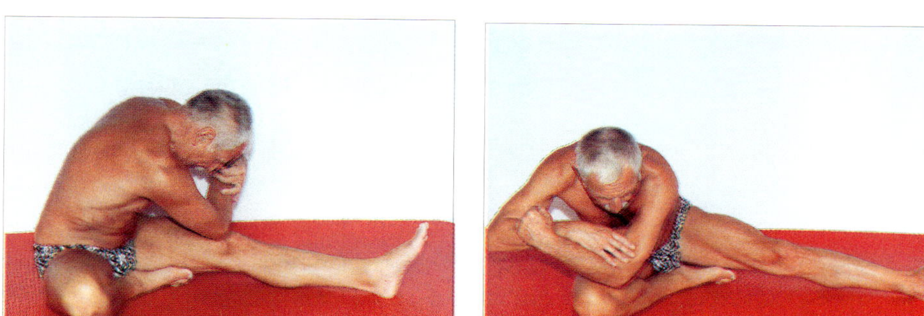

Rechter Ellbogen der verschränkten Arme berührt linkes Knie
und umgekehrt, Beinwechsel

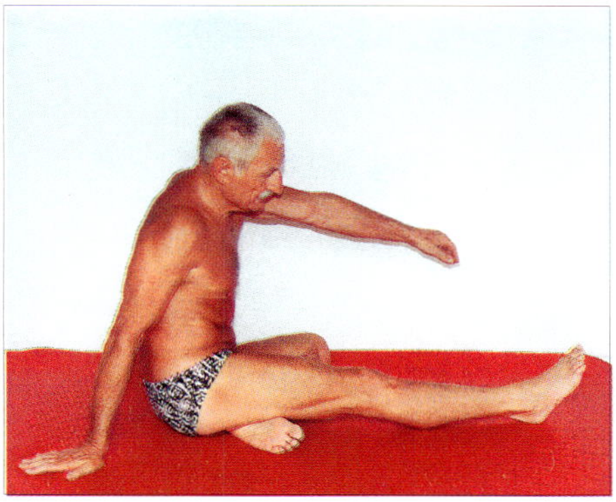

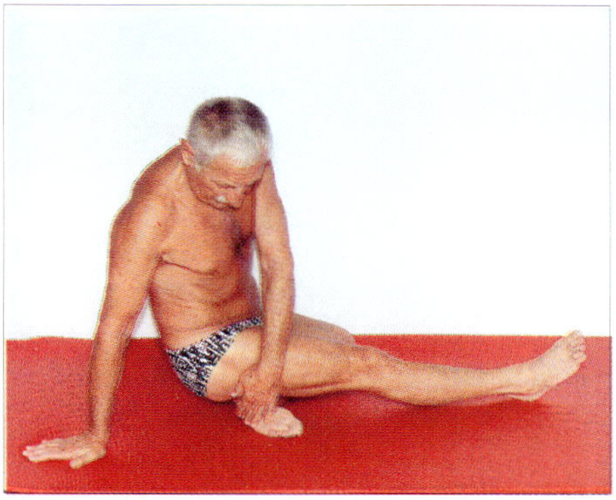

Hochdrücken rechts mit gleichzeitigem Drehen des Oberkörpers nach rechts (linke Hand berührt linke Fußsohle)

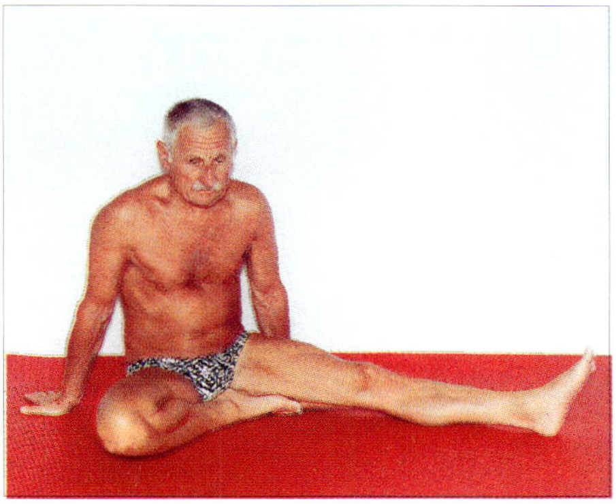

Mehrmaliges Hochdrücken zum Kniestand rechts, rechte Hand bleibt am Boden

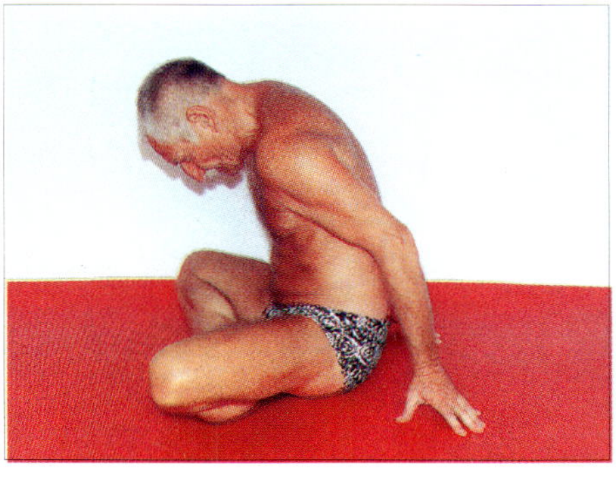

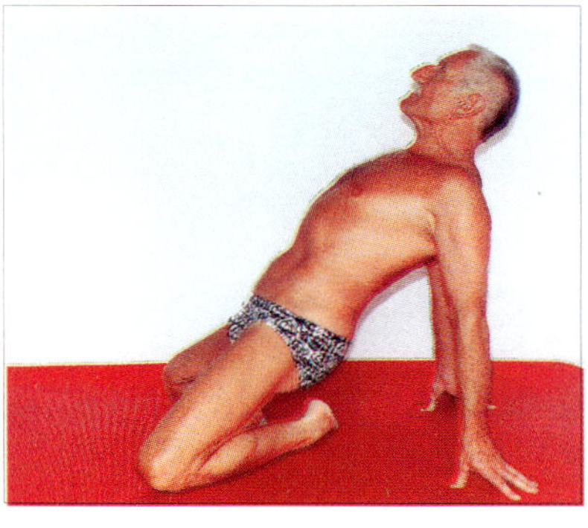

Mehrmaliges Hochdrücken aus dem Schneidersitz, bis Knie den Boden berühren

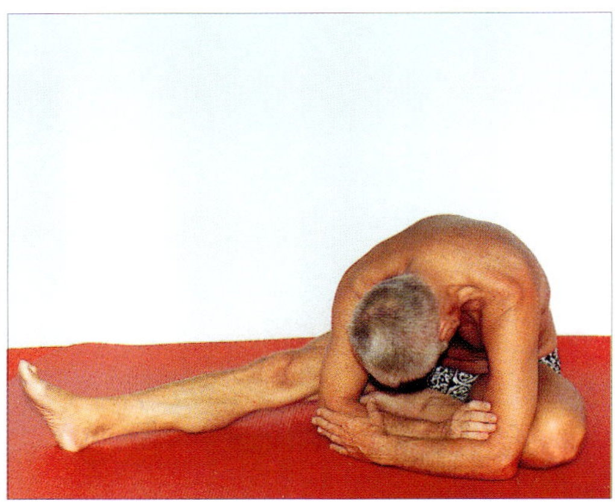

Mit verschränkten Armen Boden berühren

Mehrmals aus dem Schneidersitz zum halbtiefen Schneidersitz aufstehen

d) Übungen im Lang- und Grätschsitz

Vorbeugen des Rumpfes aus dem Langsitz

Grätschsitz, Seitbeugen zum linken bzw. rechten Knie (Stirn berührt Knie)

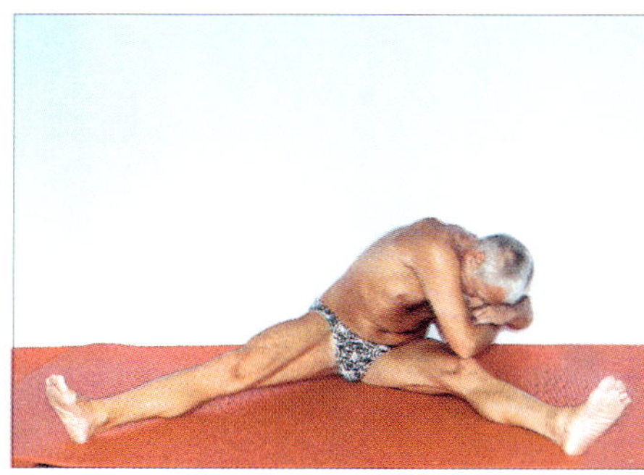

Grätschsitz, Arme verschränkt, linker Ellbogen berührt rechts Knie und umgekehrt

Grätschsitz, Arme über Kopf verschränkt, tiefes Vorbeugen bis zum Boden

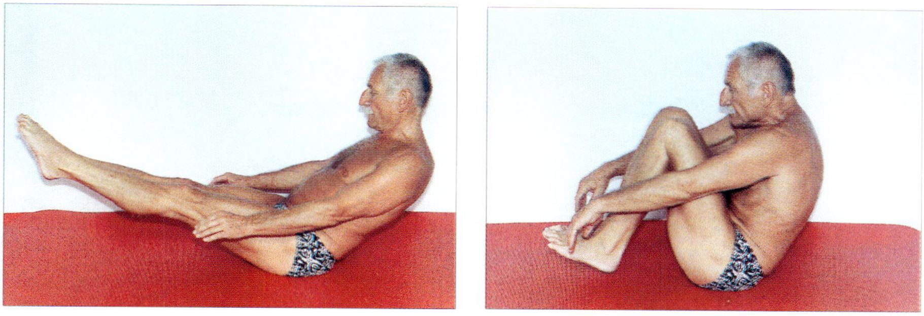

Schwebesitz, Beine rasch anziehen und strecken

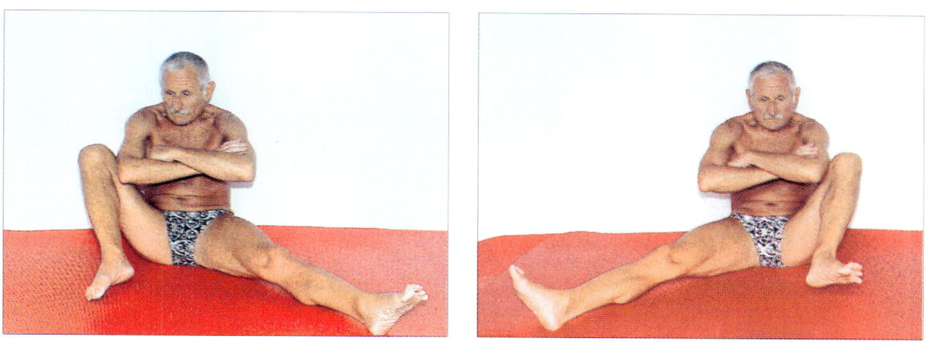

Grätschsitz mit verschränkten Armen, Knie abwechselnd an die Schultern ziehen

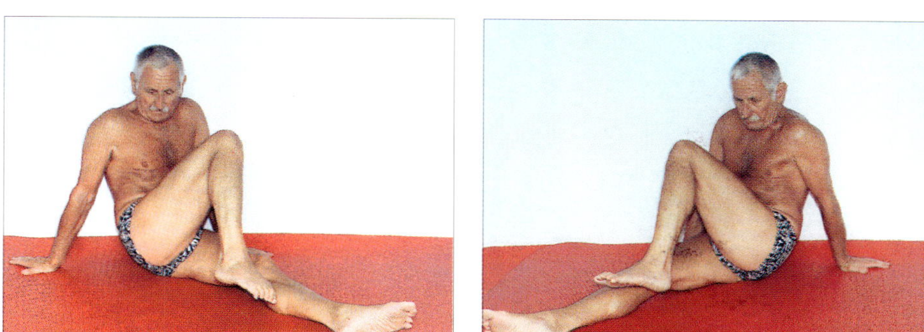

Leichter Grätschsitz, rechtes Knie zur linken Schulter ziehen und umgekehrt

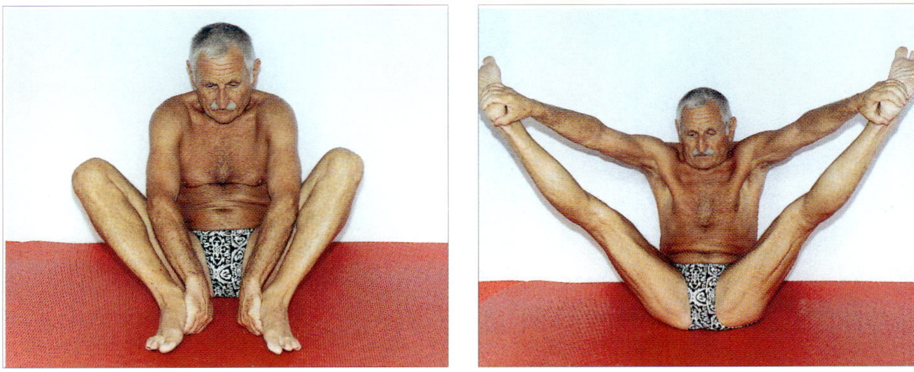

Hocksitz, Hände fassen Ferse von innen,
gleichzeitiges Hochstrecken und Grätschen der Beine

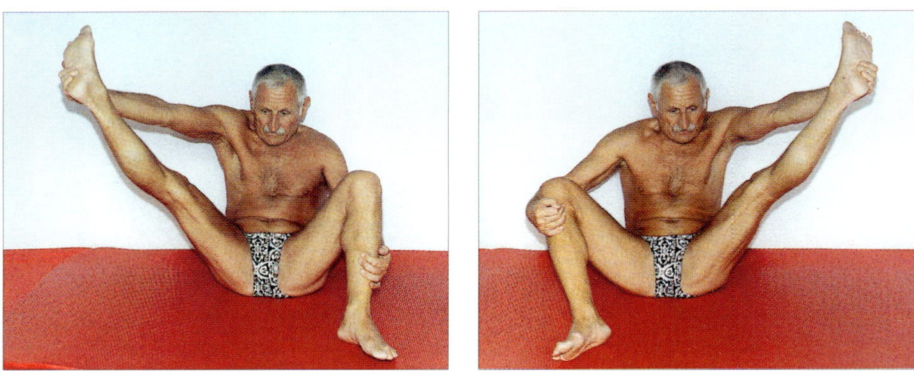

Hocksitz, wechselweises Hochstrecken eines Beines mit Handfassung außen

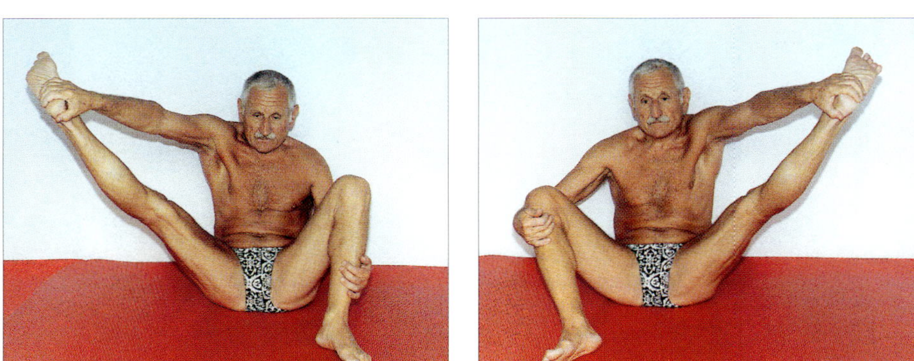

Hocksitz, wechselweises Hochstrecken eines Beines mit Handfassung innen

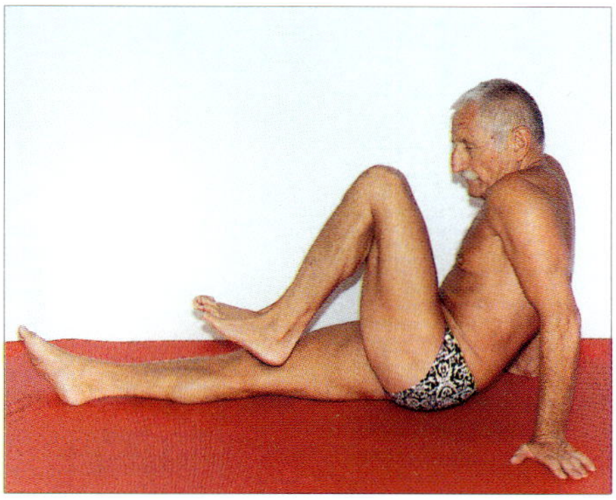

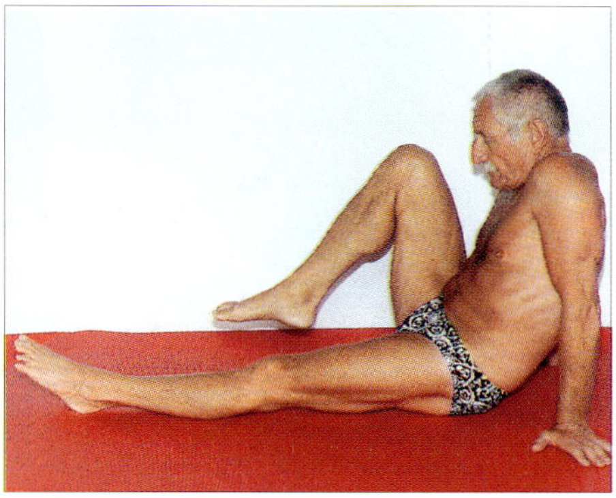

Schwebesitz, abwechselndes Beugen und Strecken der Beine

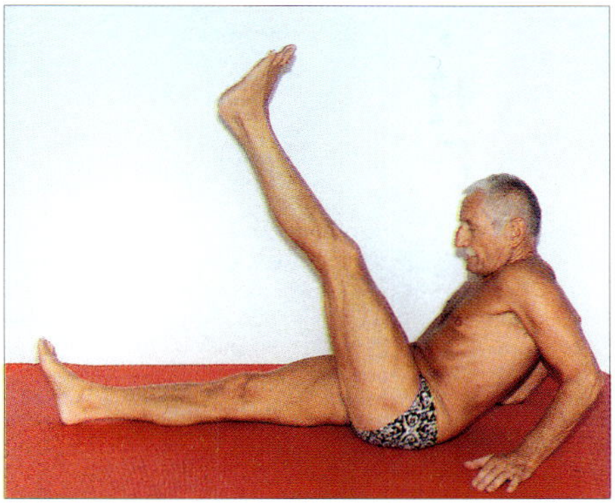

Schwebesitz, abwechselndes Hochspreizen der Beine

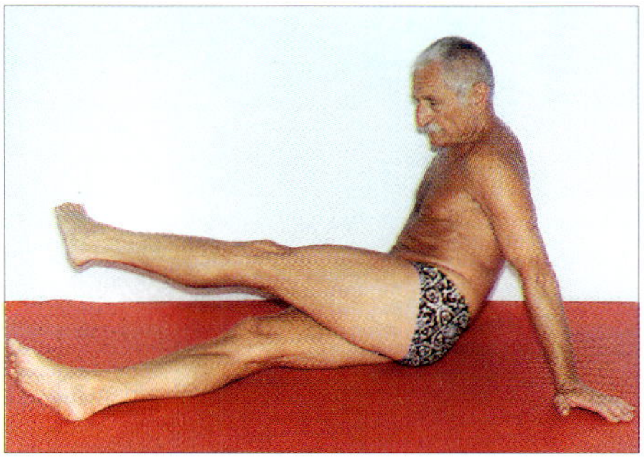

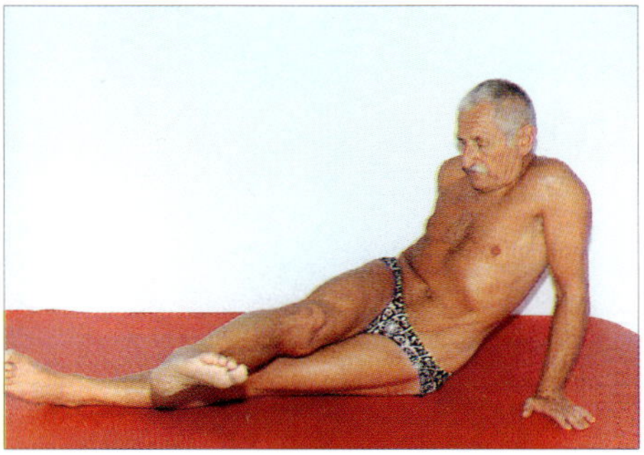

Abwechselndes Überscheren der Beine

e) Übungen in Rückenlage und Nackenstand

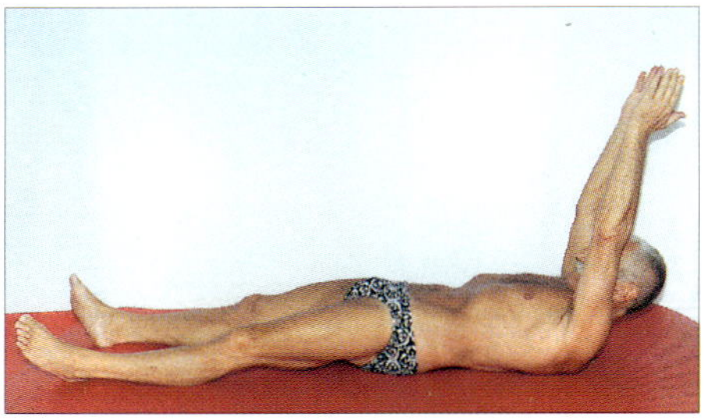 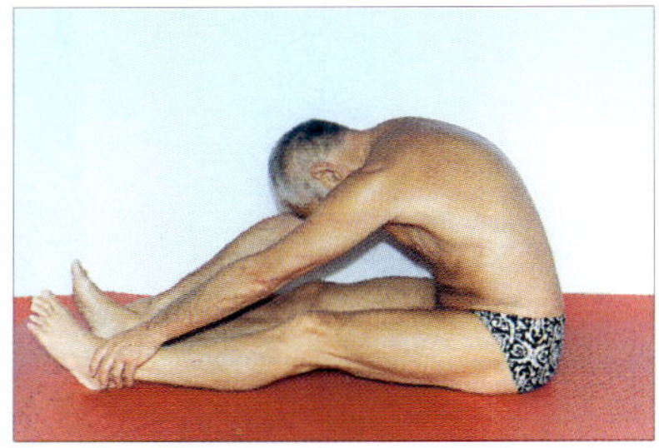

Rückenlage, Vorbeugen mit Rumpfwippen,
Füße bleiben auf dem Boden, Kopf zwischen den gestreckten Armen

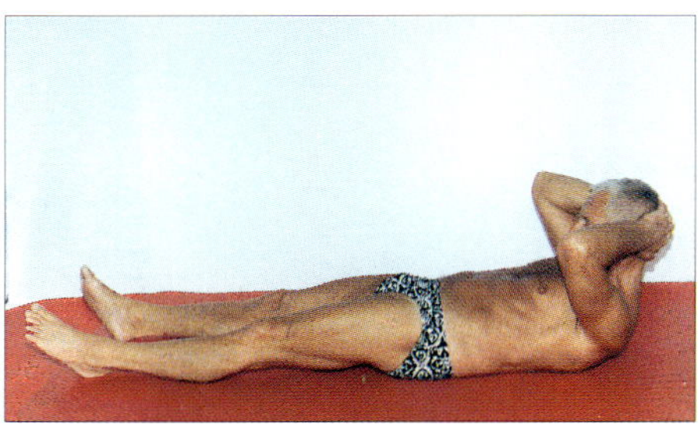 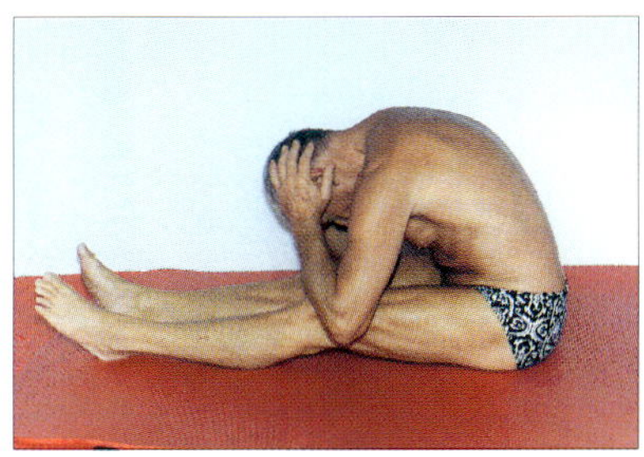

Rückenlage, Arme im Nacken, Vorbeugen, Beine nicht heben

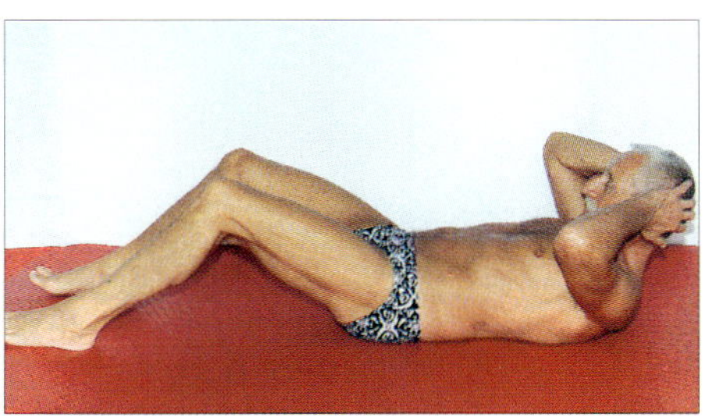 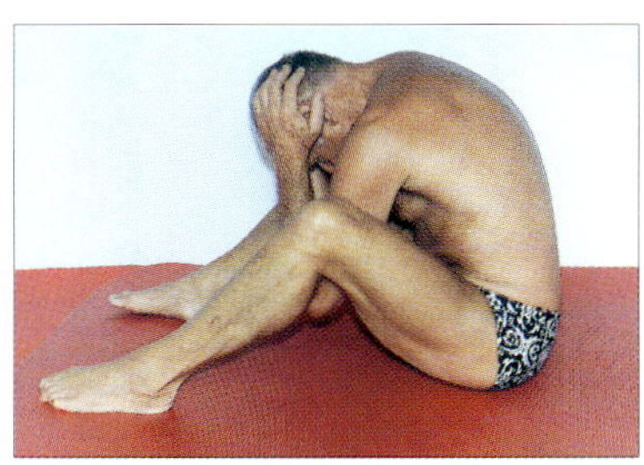

Rückenlage, Hände im Nacken, Beine angewinkelt,
Vorbeugen zum Hocksitz - Beine nicht heben

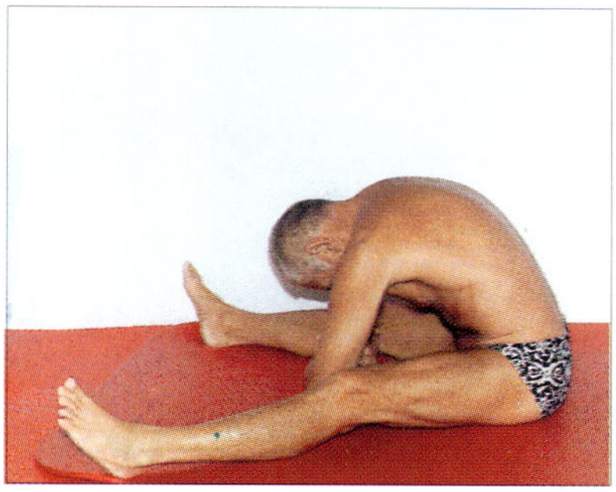

Aus Grätschsitz mit vorgebeugtem Oberkörper zurückrollen,
bis Zehen Boden berühren

Nackenstand, abwechselnd linkes und rechtes Bein spreizen

Nackenstand, Beine gestreckt,
mit Zehenspitzen hinter der linken bzw. rechten Schulter auf den Boden tippen

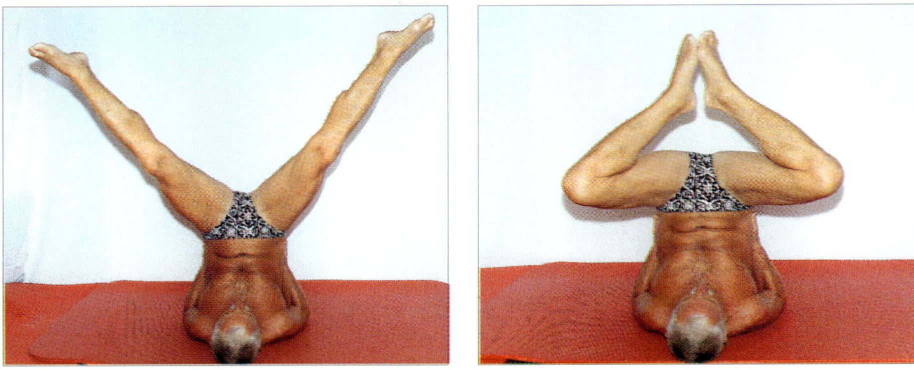

Nackenstand, abwechselnd Grätschen und Beugen der Beine

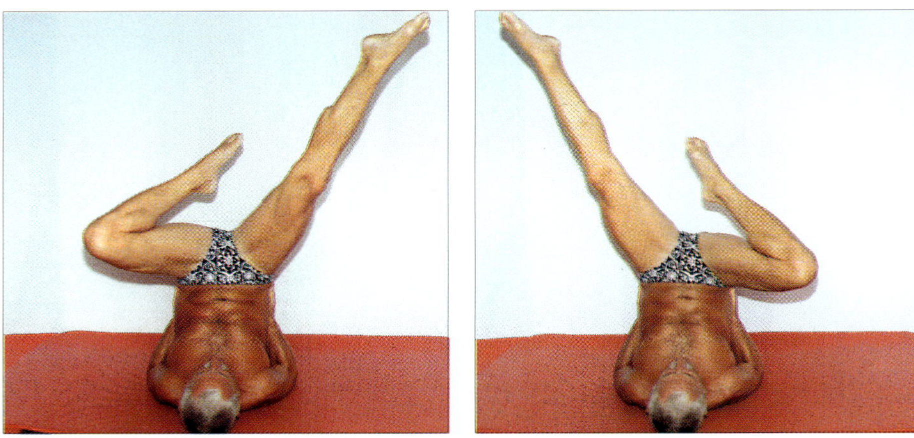

Nackenstand, Beine gegrätscht, abwechselnd linkes und rechtes Bein beugen

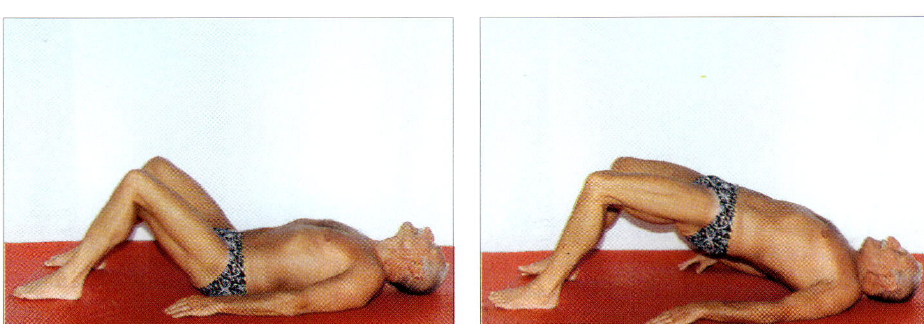

Rückenlage, Beine angewinkelt, Becken heben und senken

f) Übungen in Bauchlage

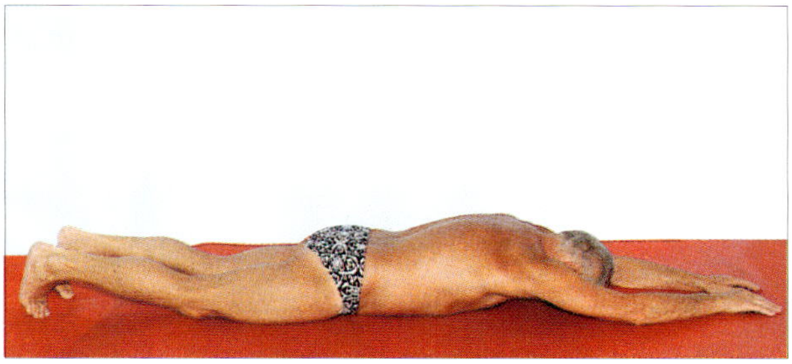

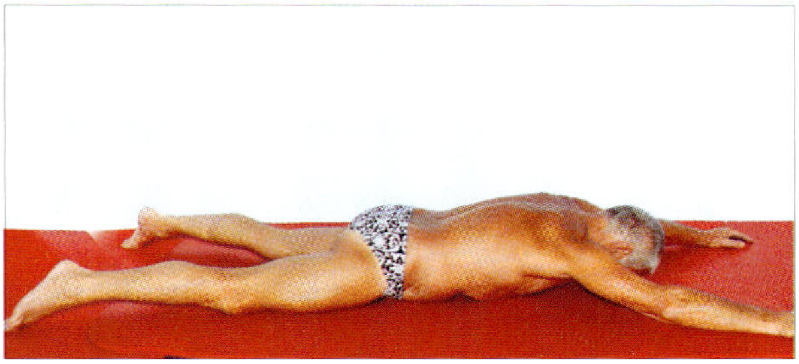

Bauchlage, gleichzeitig Arme und Beine grätschen und schließen

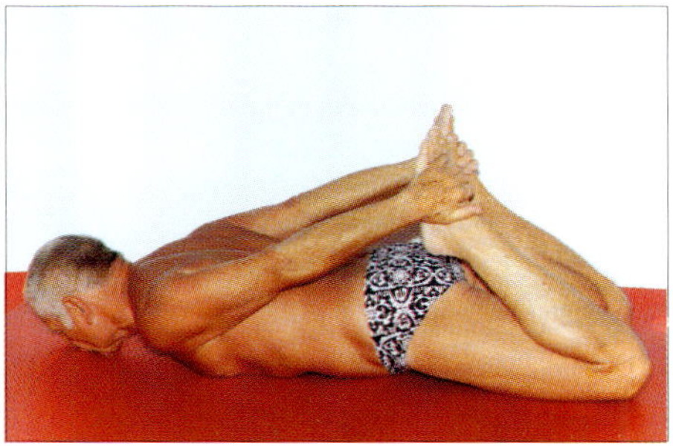

Bauchlage, Hände fassen Fußriste, Fersen zum Gesäß ziehen

g) Übungen im Liegestütz vorlings

Liegestütz vorlings, Beugen und Strecken der Arme, auch auf Fingerspitzen

Liegestütz vorlings, abwechselndes Rückspreizen eines Beines

Wechsel zwischen Liegestütz und Winkelliegestütz

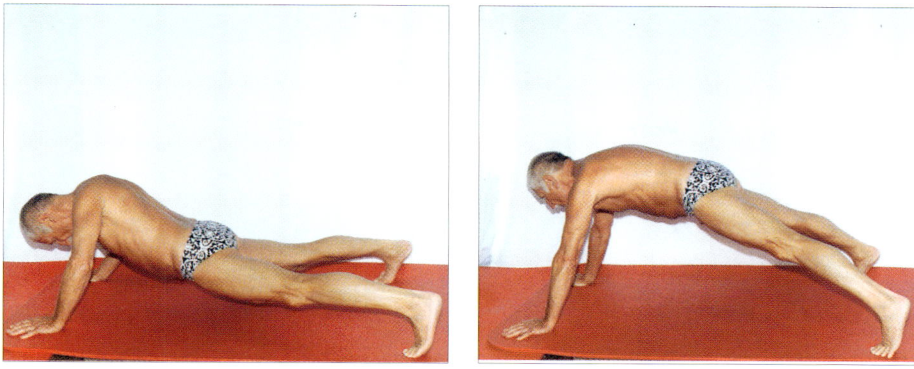

Liegestütz vorlings, Arme ausgebreitet, Beine gegrätscht,
Arme beugen und strecken

Liegestütz vorlings, (einarmig), rascher Wechsel zwischen
Stütz auf linker bzw. auf rechter Hand

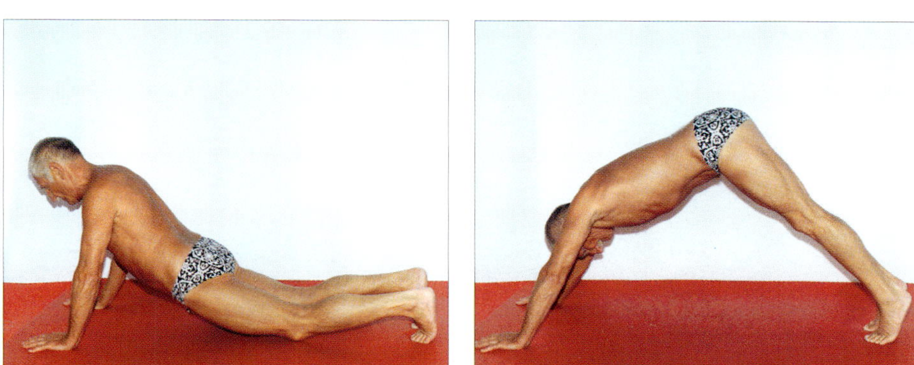

Liegestütz vorlings, Heben und Senken des Beckens

h) Übungen im Liegestütz rücklings

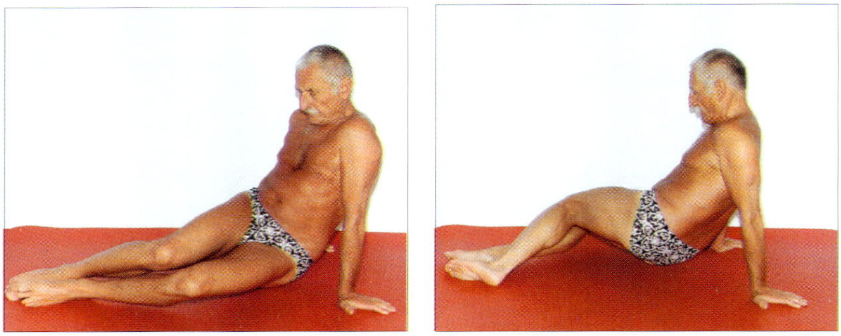

Liegestütz rücklings, Beine anhocken,
Beine abwechselnd nach links und rechts drehen

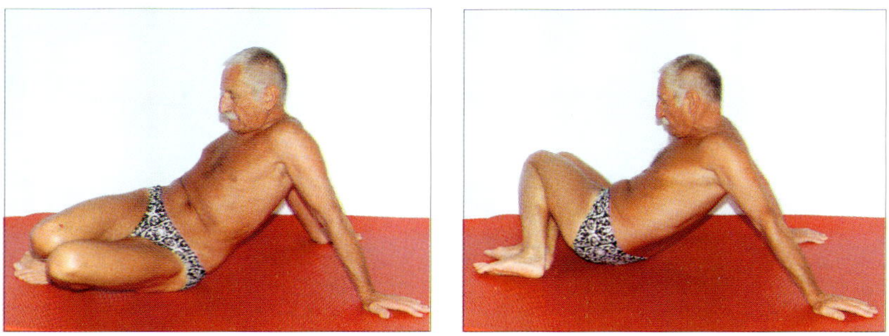

Liegestütz rücklings,
Becken zu Ferse vorschieben und Knie nach links und rechts drehen

Liegestütz rücklings, Beine anhocken,
abwechselnd linkes und rechtes Bein hochspreizen

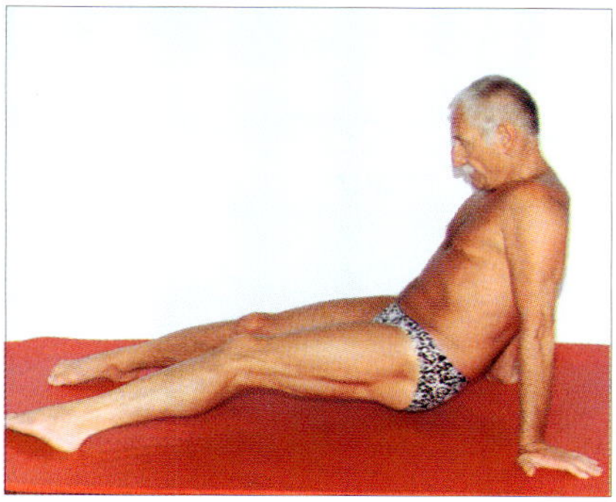
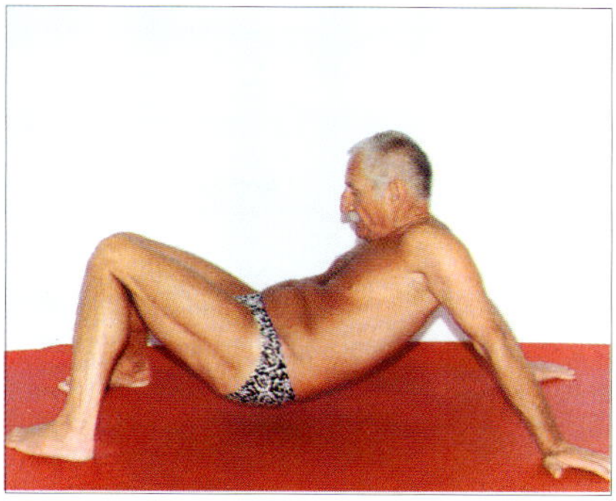

Liegestütz rücklings, Fußspitzen drehen,
Becken abwechselnd vor- und zurückschieben

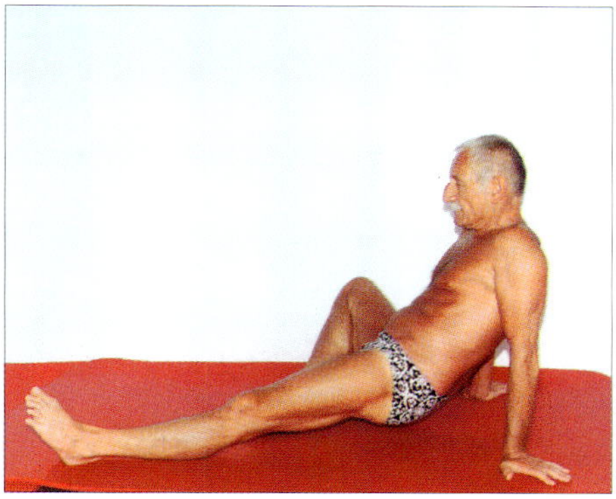
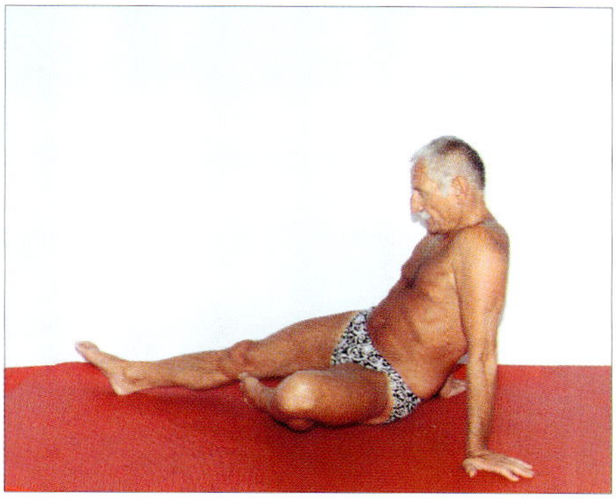

Liegestütz rücklings, Beine grätschen, rechtes Bein schnell beugen und strecken,
Bein wechseln

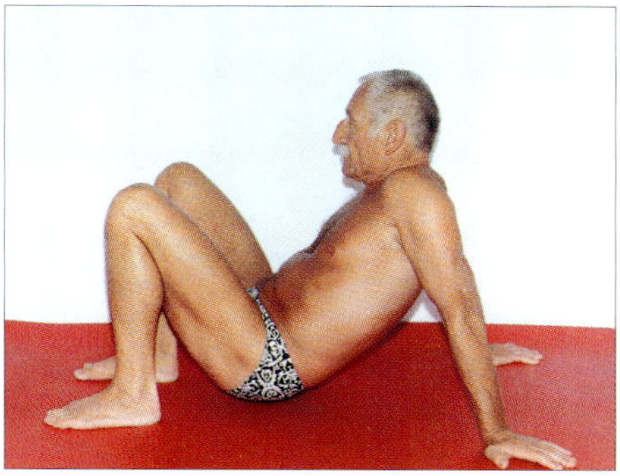

Becken heben und senken

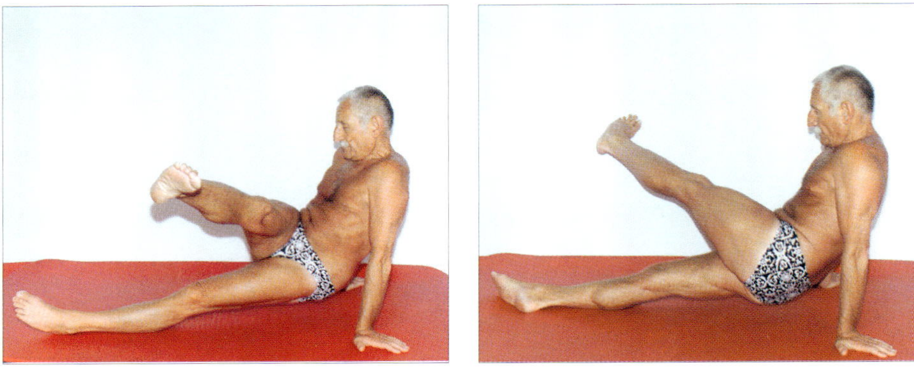

Liegestütz rücklings, abwechselndes hohes Überspreizen

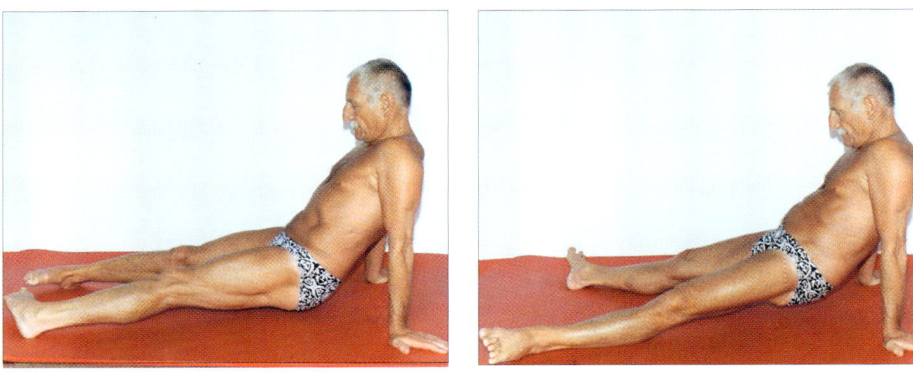

Liegestütz rücklings, Ein- und Auswärtsdrehen der Füße - Drehpunkt Fersen

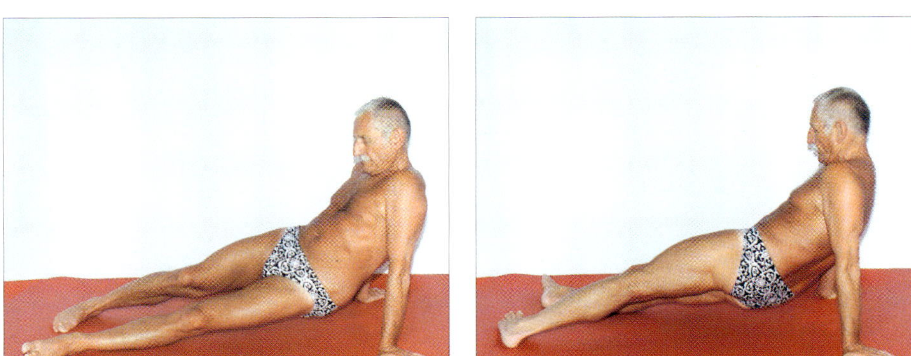

Liegestütz rücklings, Becken abwechselnd nach links und rechts drehen

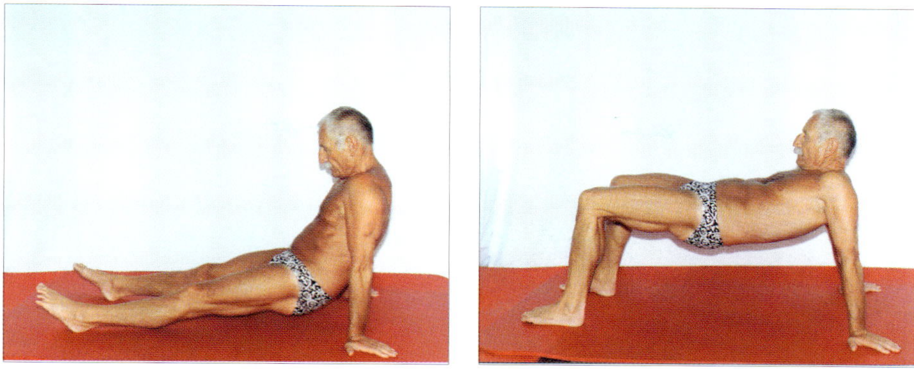

Liegestütz rücklings, Becken abwechselnd heben und senken

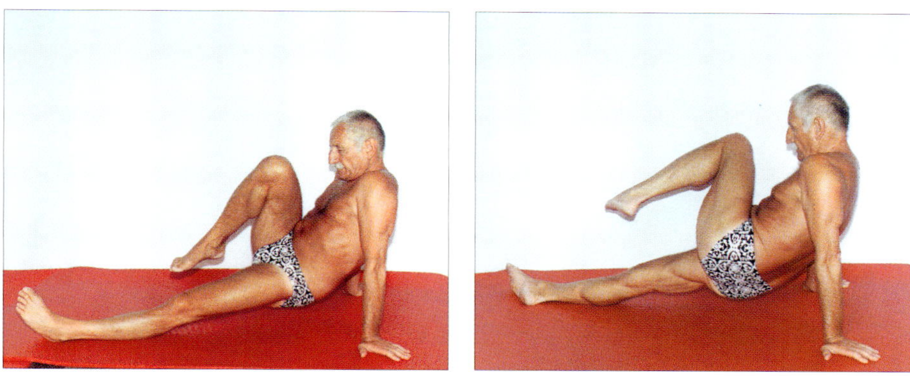

Liegestütz rücklings, Beine grätschen, abwechselnd Knie an Schulter ziehen

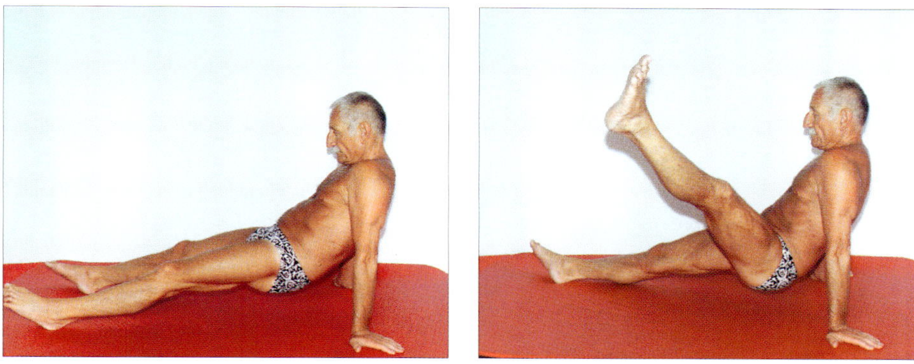

Liegestütz rücklings, Beine grätschen, abwechselndes Vorspreizen eines Beines

VIELE WEGE FÜHREN ZUM ZIEL,

JEDER SOLL DEN GEHEN,

DER FÜR IHN DER RICHTIGE IST.

II. Schulung der Sprungkraft und Reaktionsschnelligkeit

a) Übungen im Stand beidbeinig

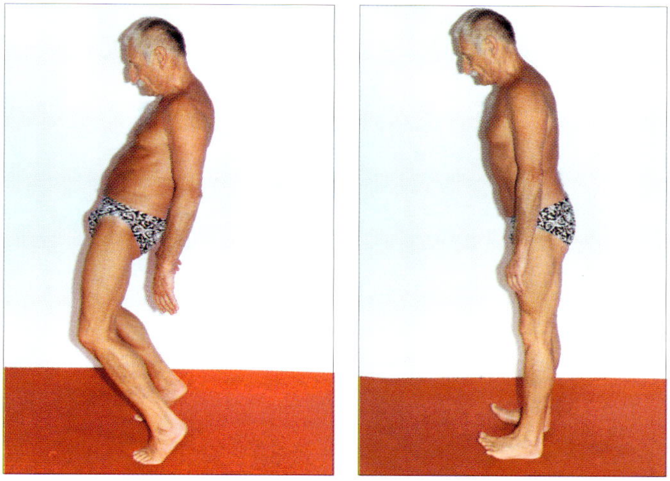

Sprungwechsel von Ballenstand zu Fersenstand nach vor und zurück

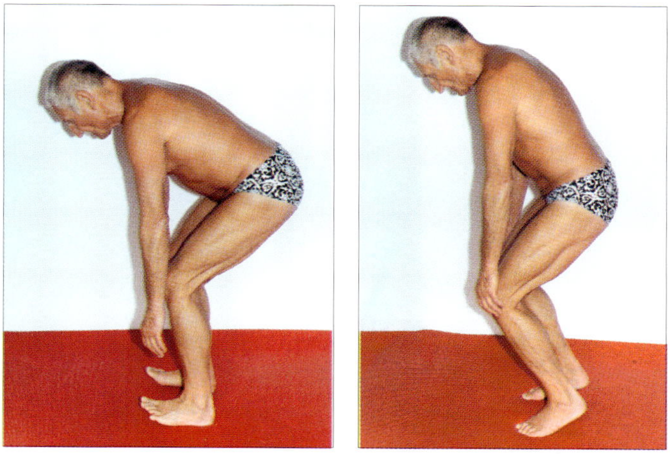

Sprung in halbtiefer Hocke nach vor und zurück

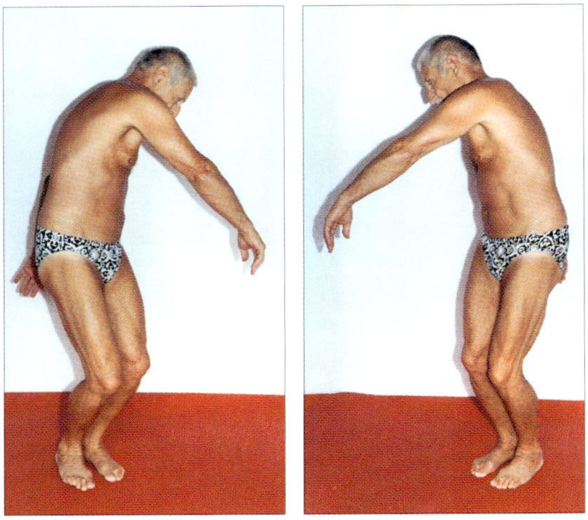

Wedelspringen mit betontem Drehen der Hüfte

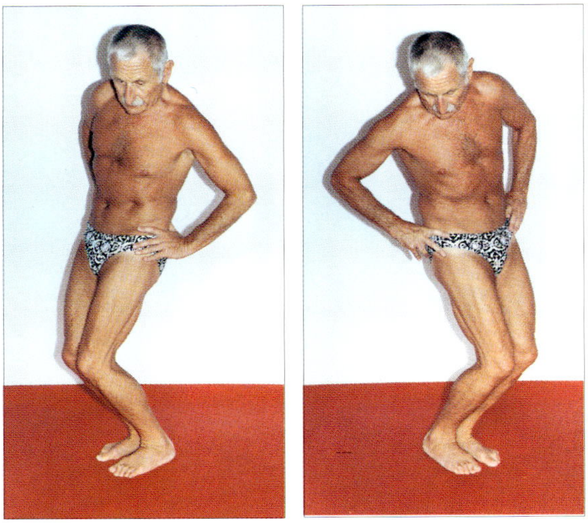

Schlußstand, beidseitiges Springen nach rechts und links im Wechsel

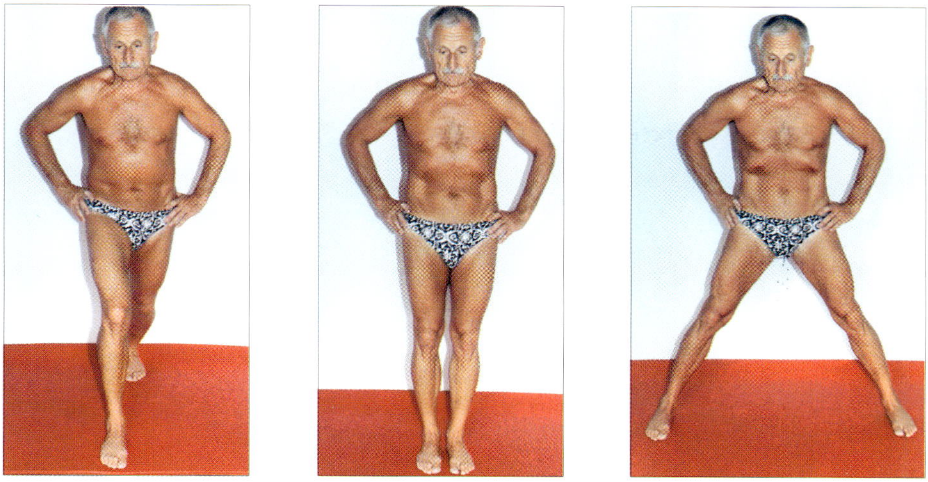

Sprung in den Grätschstand, Beine wieder schließen,
Sprung in den Querstand, Beine wieder schließen usw.

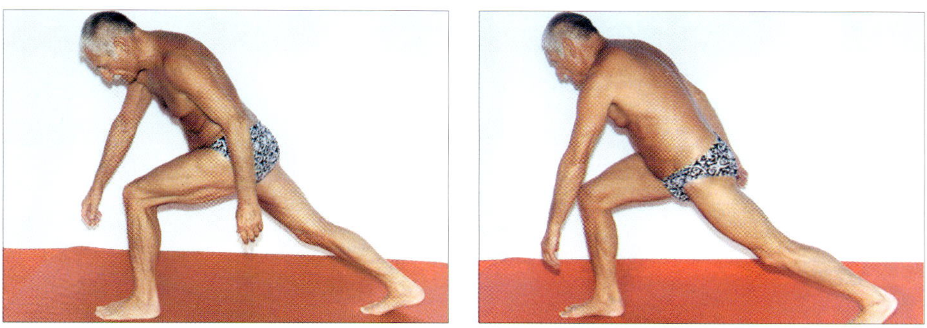

Große Schrittwechselsprünge

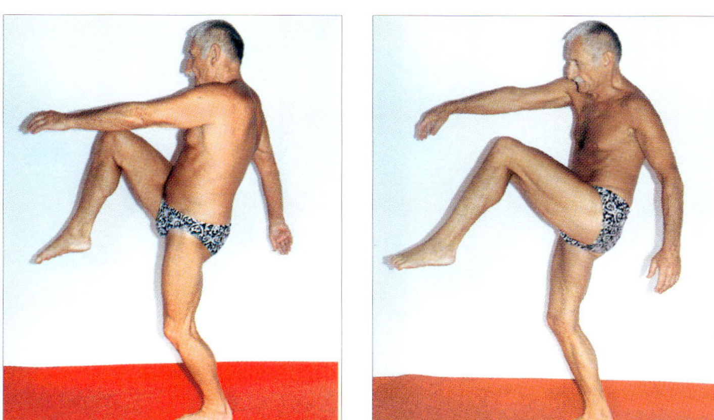

Skipping: schnelles und hohes Anreißen der Knie in Rücklage

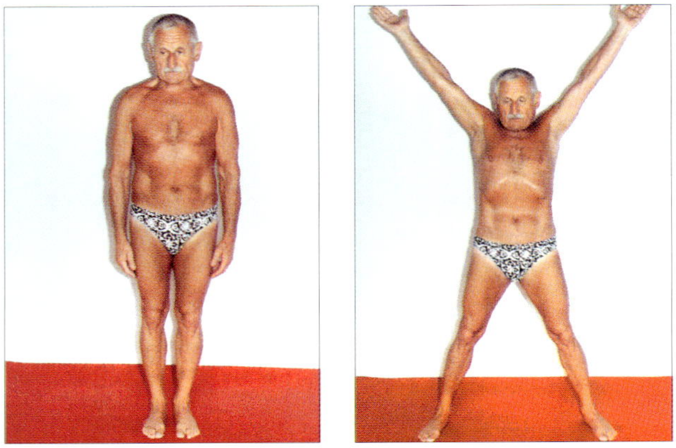

Hampelmann: Schlußstand, Sprung in die Grätsche,
dabei Hände über den Kopf führen

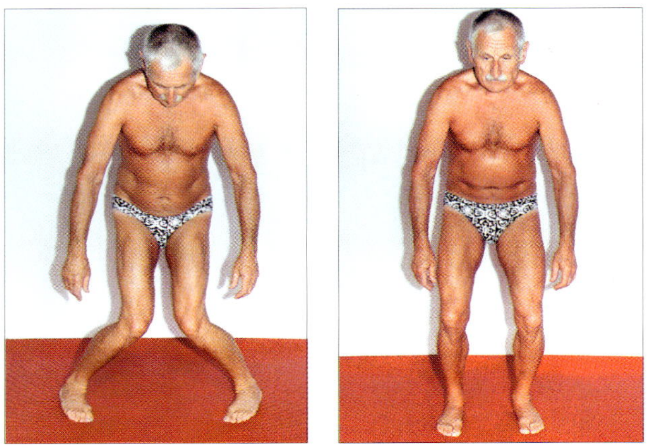

Sprünge in die Pflugstellung und wieder zurück

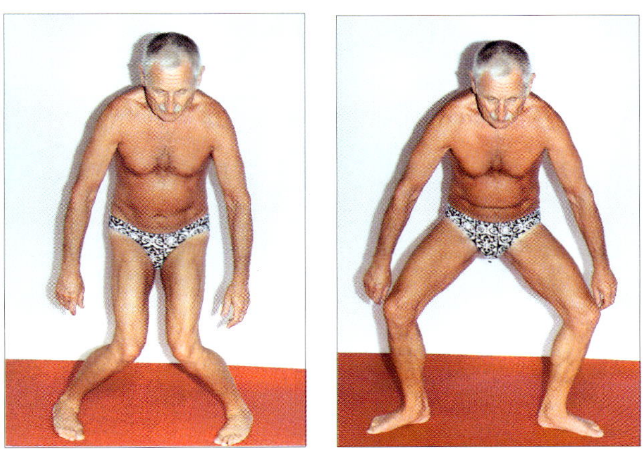

„Clown-Springen": Fußspitzen ganz einwärts bzw. auswärts drehen

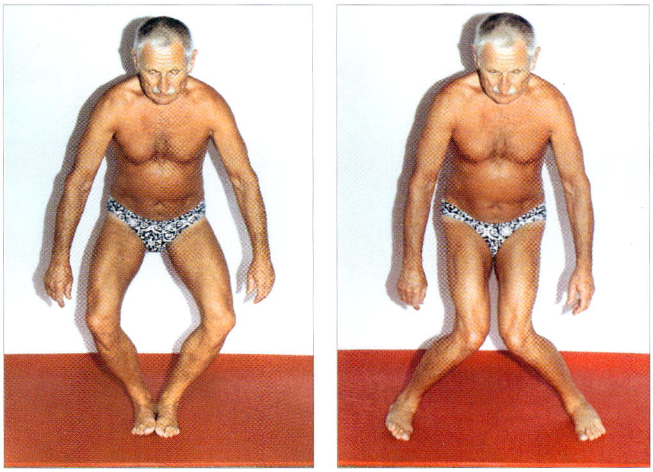

Sprung von Innenkante auf Außenkante im Wechsel

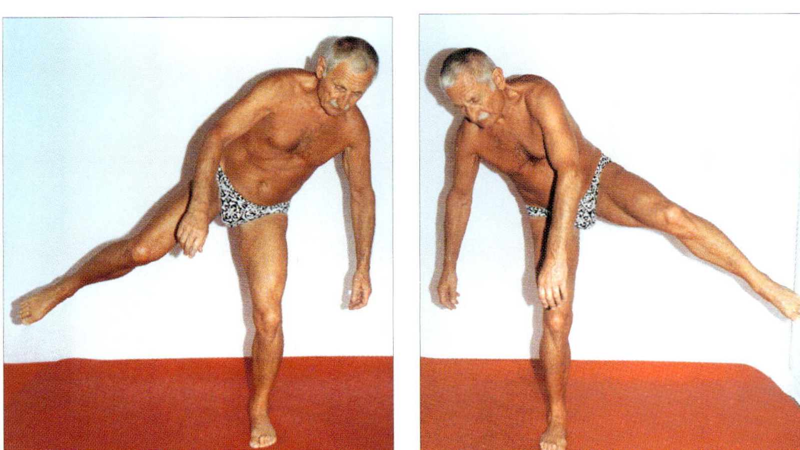

Springen vom linken Bein auf das rechte und umgekehrt, starke Innenlage

b) Übungen im Stand einbeinig

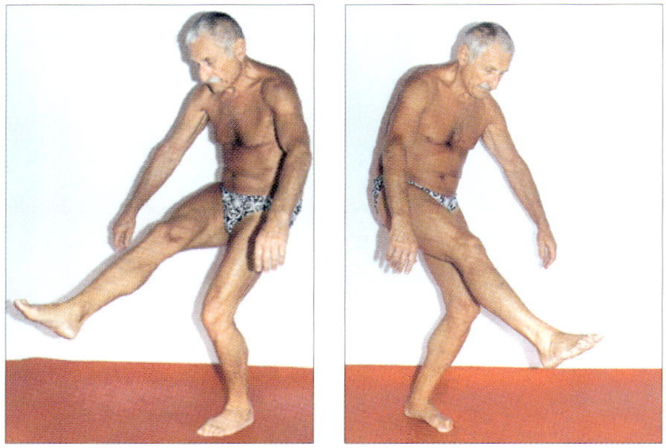

Vorspreizen rechts, Wedelsprünge auf linkem Bein, Beinwechsel

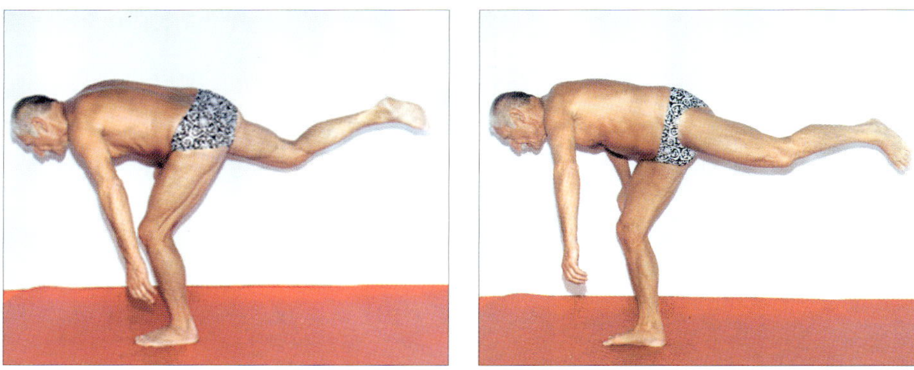

Rückspreizen rechts, Wedelsprünge links, Beinwechsel

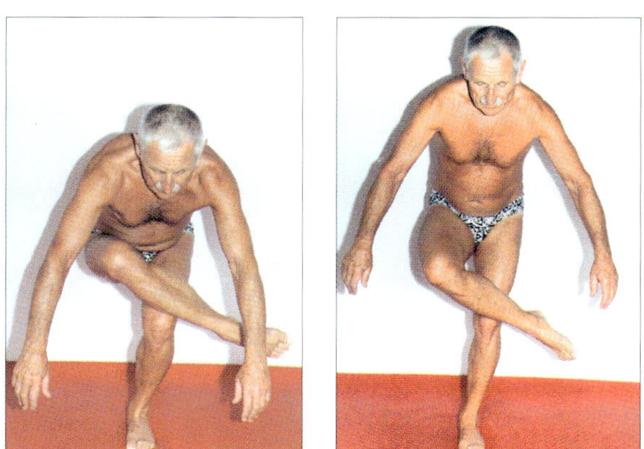

Hockstand, rechtes Bein über linkes Knie und
Wedelsprünge auf linkem Bein, Beinwechsel

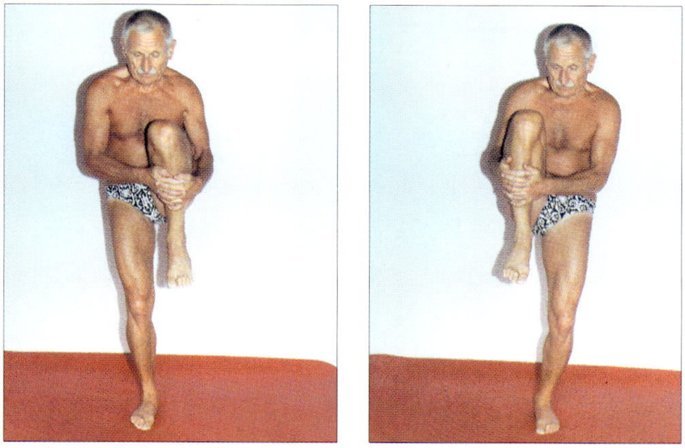

Stand auf rechtem Bein, beide Hände fassen linken Unterschenkel, Sprünge auf rechtem Bein mit gleichzeitigem Hochziehen des linken Knies, Beinwechsel

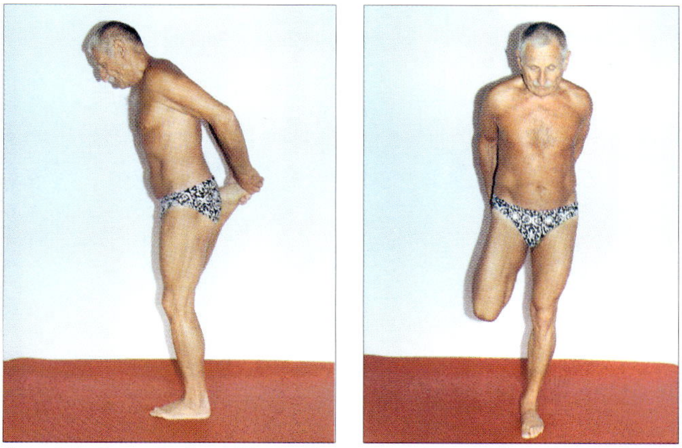

Stand auf linkem Bein, Hände fassen rechten Rist hinter dem Körper, Wedelsprünge links, Beinwechsel

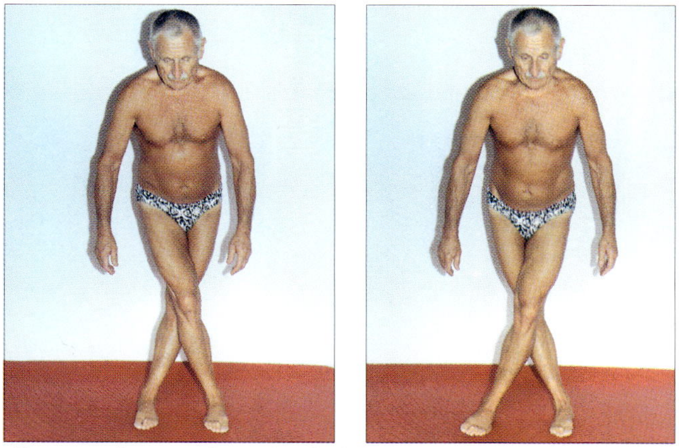

Kreuzspringen, abwechselnd linkes und rechtes Bein vorn

c) Übungen in der Hocke ein- und beidbeinig

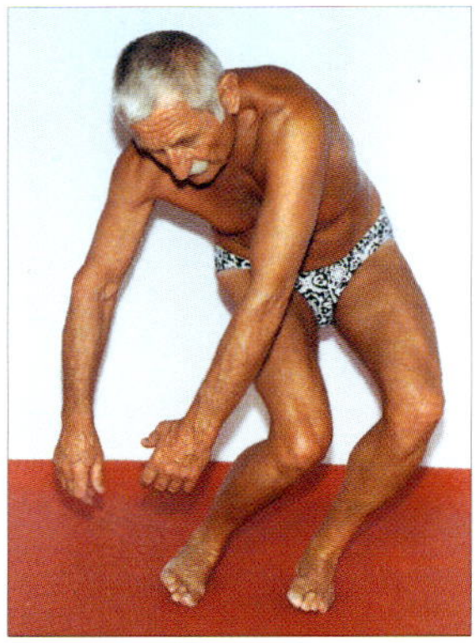
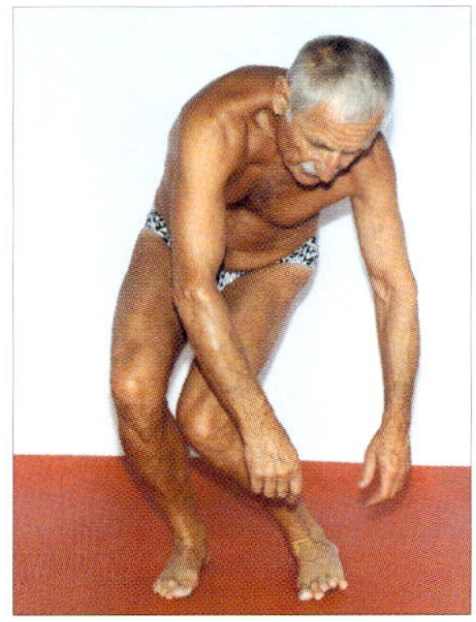

Wedelsprünge in tiefer Hocke

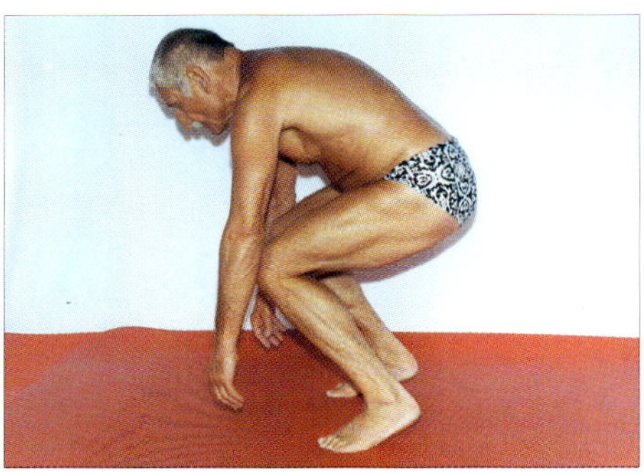
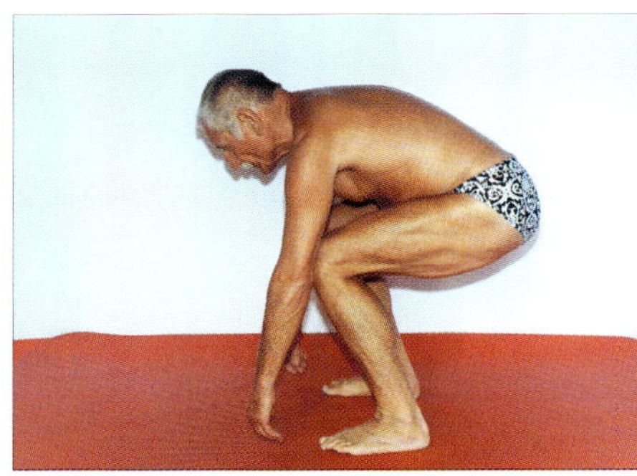

In tiefer Hocke vor und zurückspringen

Hampelmann in tiefer Hocke, beim Sprung in die Grätsche die Arme hochführen

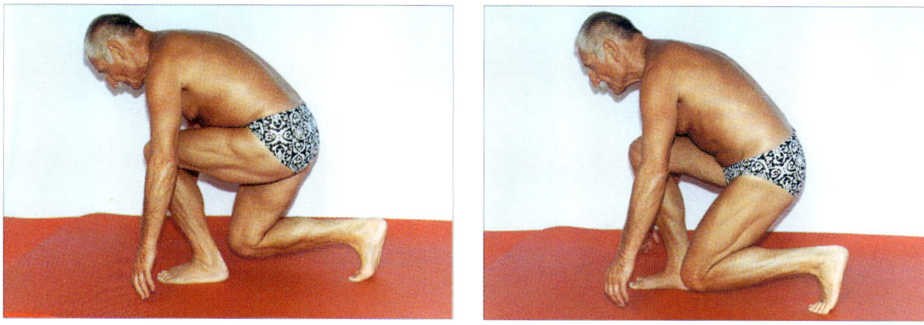

Schrittwechselsprünge in tiefer Hocke

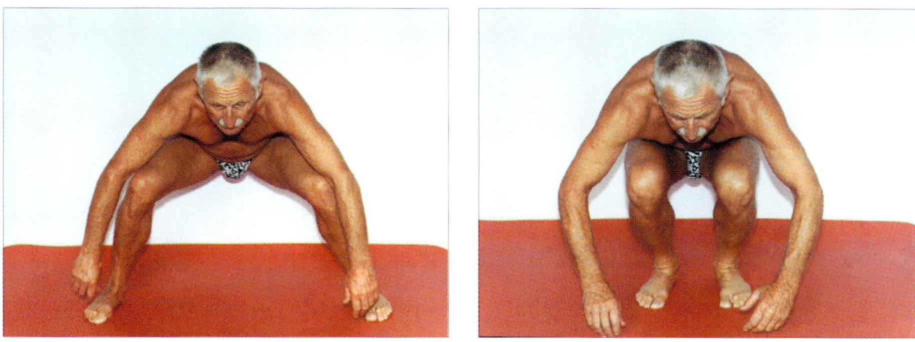

Sprung aus tiefer Hocke in Grätsche und wieder zurück

Kosakentanz

Sprungwechsel vom linken auf rechtes Bein in tiefer Hocke,
zweites Bein seitlich weggestreckt

„Clownsprünge" in tiefer Hocke, Fußspitzen einwärts bzw. auswärts drehen

d) Übungen im Liegestütz vorlings

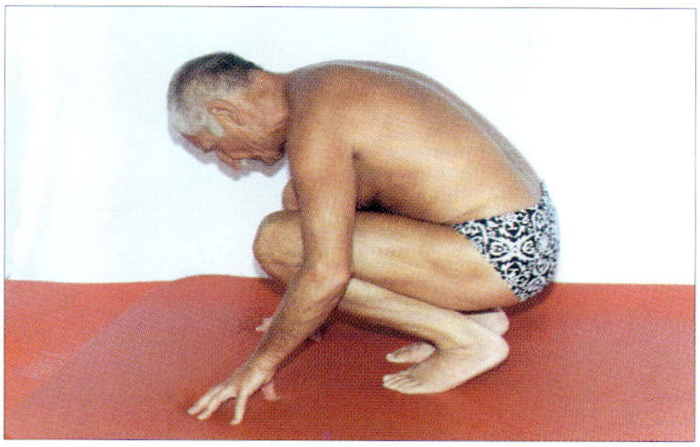

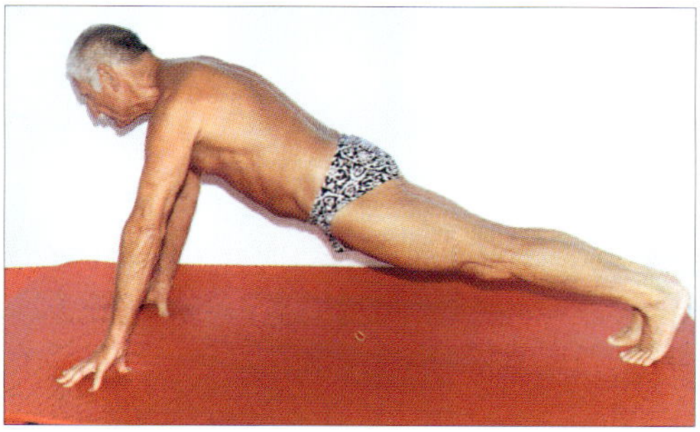

Wechsel zwischen Liegestütz vorlings und Hockstütz

Liegestütz vorlings, Wechselhocke, Arme strecken

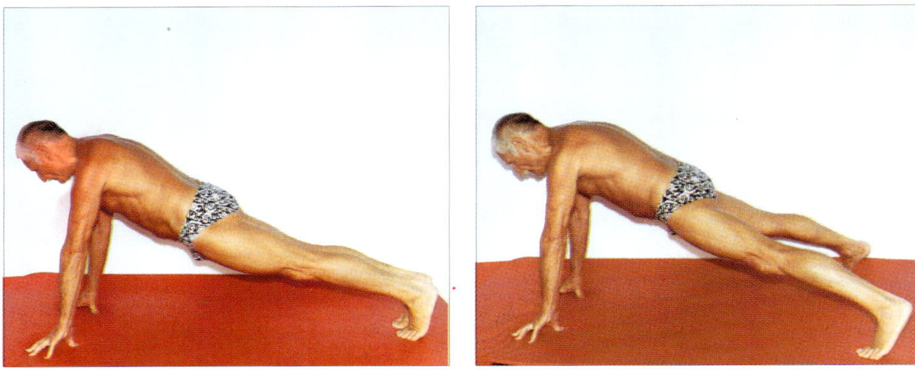

Liegestütz vorlings, Sprünge in die Grätsche und zurück im Wechsel

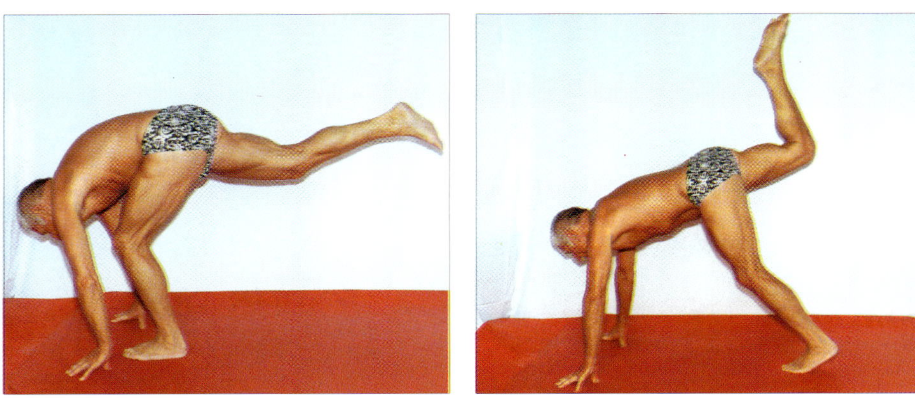

Sprung im Hockstütz links vor und zurück,
Hochspreizen des rechten Beines, Beinwechsel

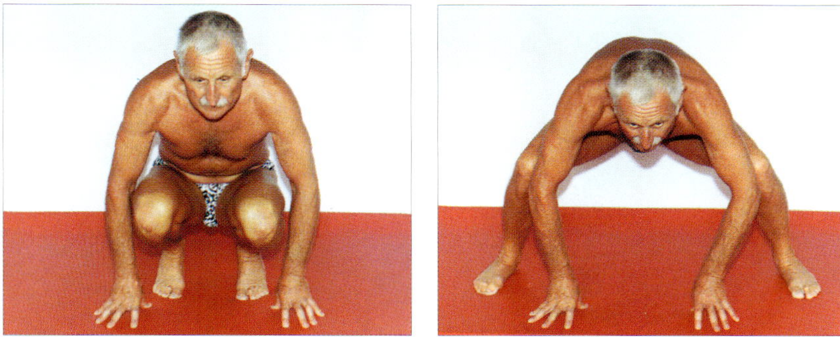

Hockstütz auf Fingerspitzen, Sprung in Grätsche und zurück

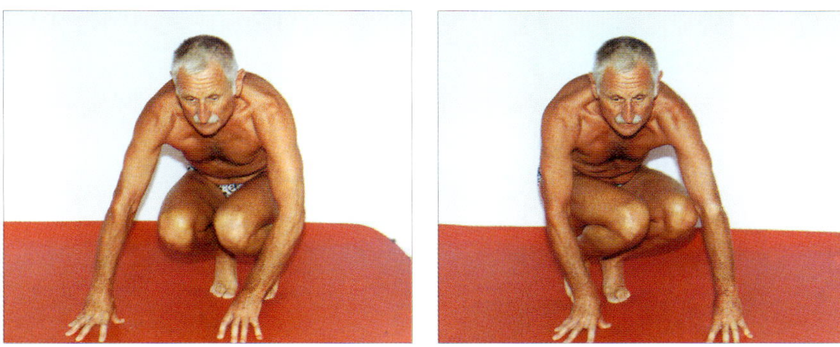

Hockstütz auf Fingerspitzen, seitliches Springen beidbeinig

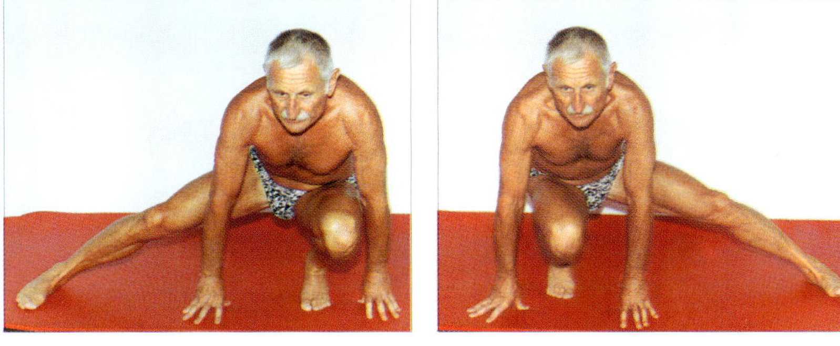

Hockstütz - Wechselsprung vom linken auf rechtes Bein mit gleichzeitigem Wegstrecken des zweiten Beines

e) Übungen im Liegestütz rücklings

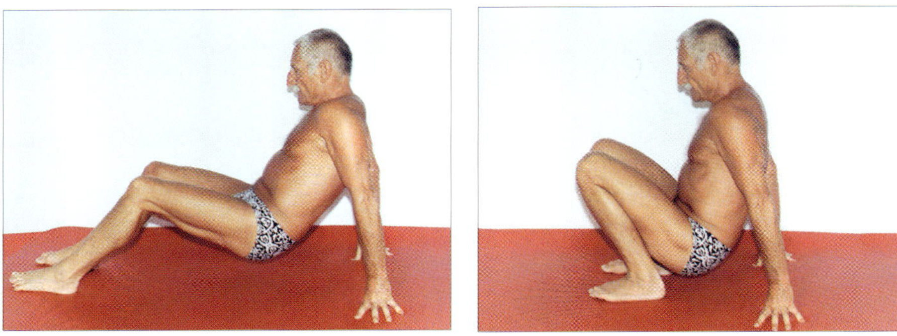

Liegestütz rücklings, beide Beine gleichzeitig anhocken und wieder strecken

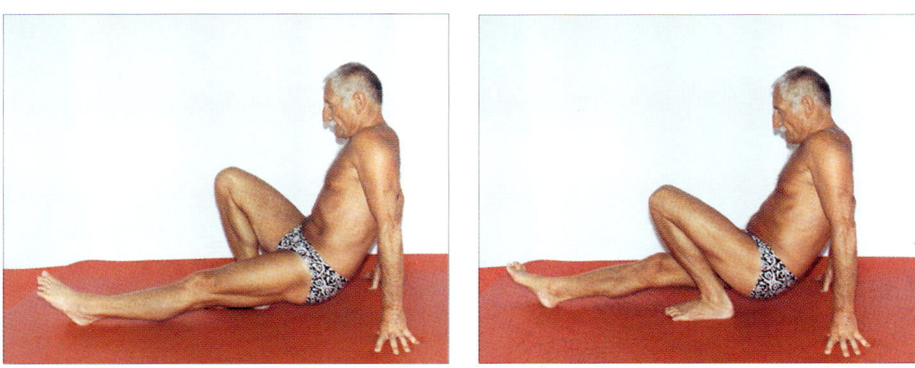

Liegestütz rücklings, Wechselhocken

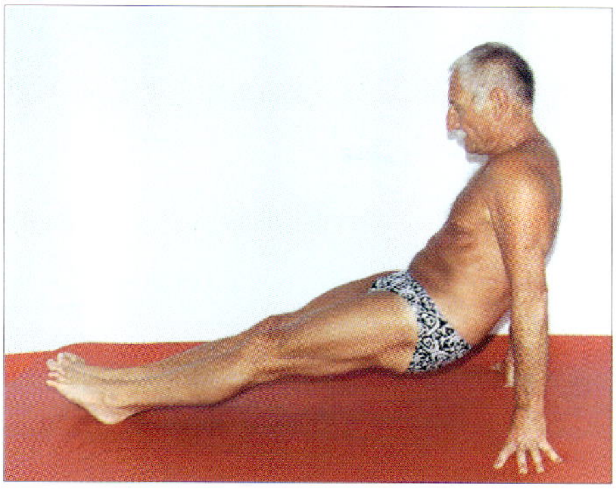

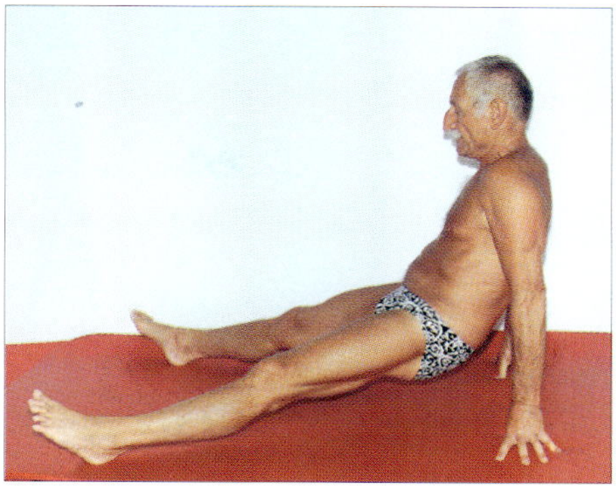

Liegestütz rücklings, Beine abwechselnd grätschen und schließen

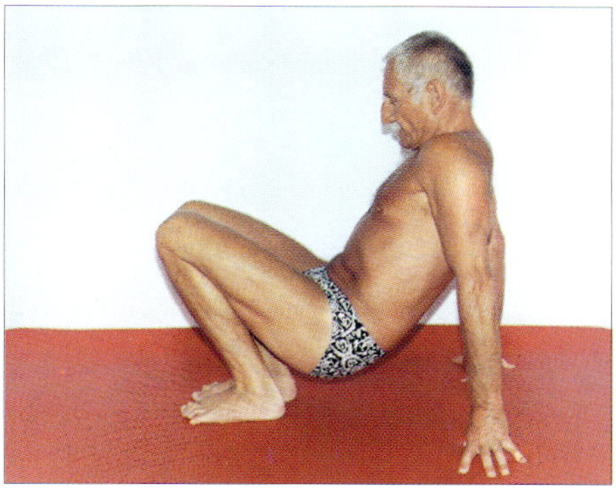

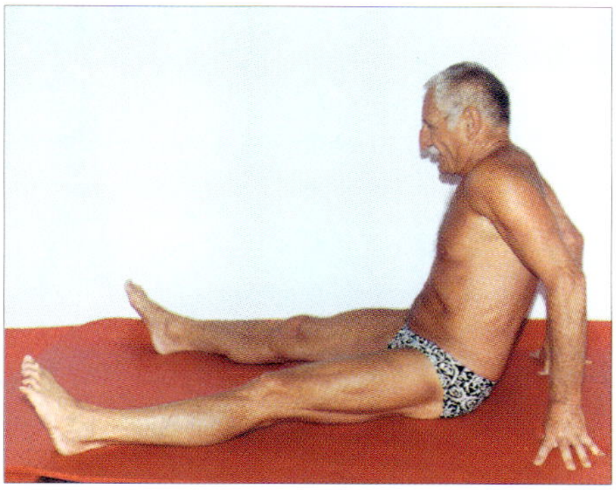

Liegestütz rücklings, beim Anhocken sind Beine geschlossen,
beim Strecken gegrätscht

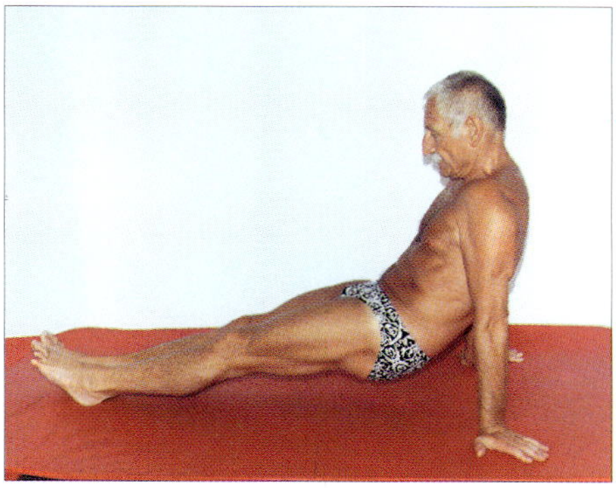

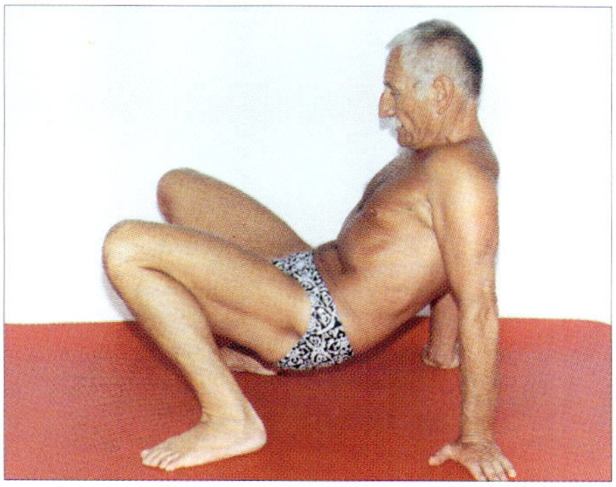

Liegestütz rücklings, Beine abwechselnd anhocken und strecken,
beim Anhocken sind Beine gegrätscht

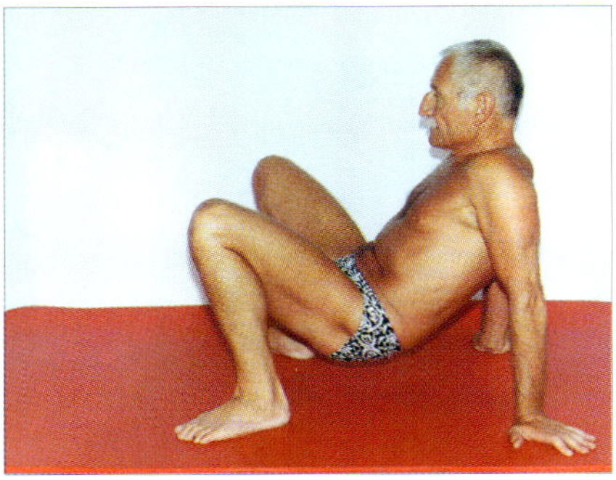

Grätschliegestütz, beide Beine abwechselnd anhocken und wieder strecken

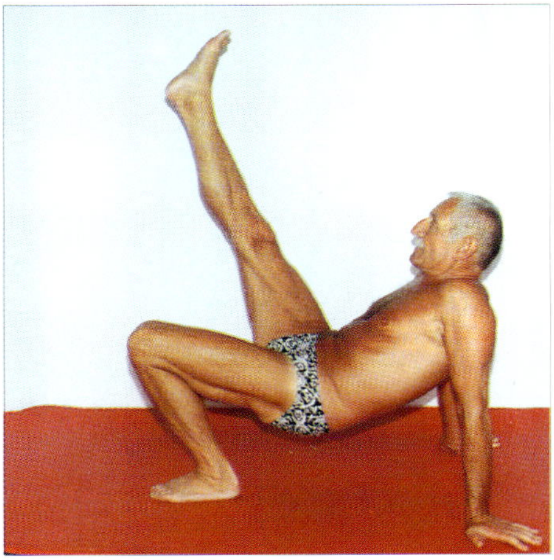

Liegestütz rücklings, Wechselhocken, abwechselnd linkes
und rechtes Bein hochspreizen

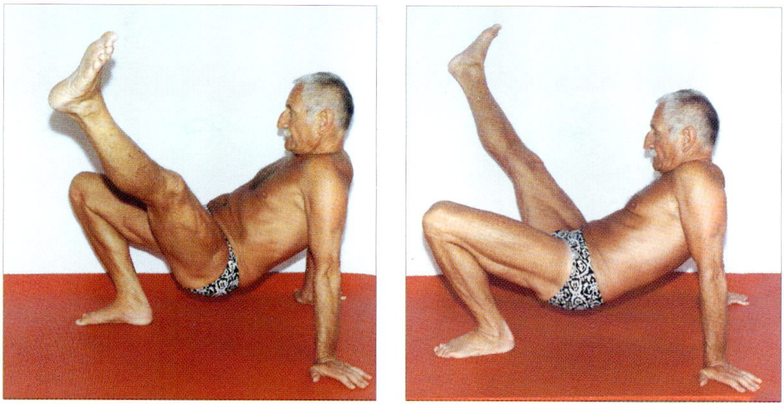

Liegestütz rücklings, Sprung vom linken Bein auf das rechte,
zweites Bein gleichzeitig seitspreizen

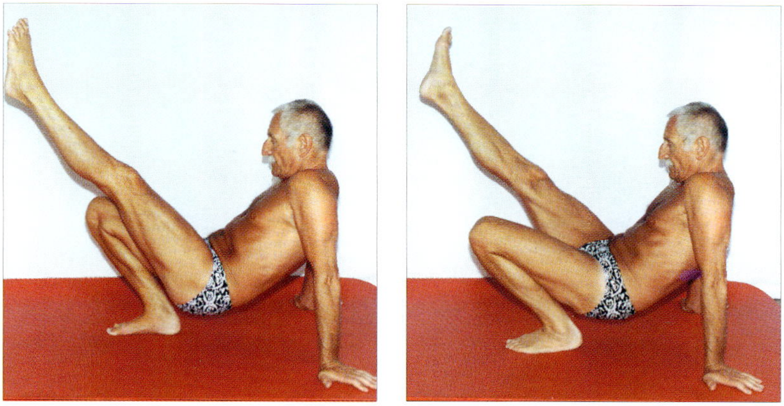

Liegestütz rücklings, rascher Beinwechsel

Liegestütz rücklings, Wedelspringen mit angehockten Beinen

JEDER IST

SEINES

KÖRPERS SCHMIED

III. Schulung des Gleichgewichts

a) Stand- und Gleichgewichtsübungen beidbeinig

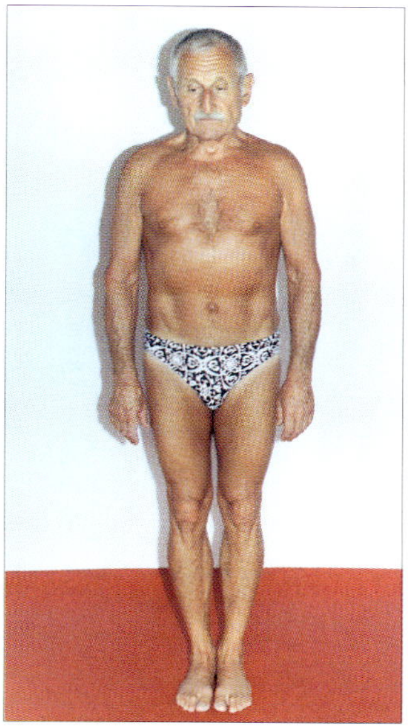

Stand auf Fußaußenkanten, tiefes Kniebeugen,
Fußkanten bleiben immer beisammen

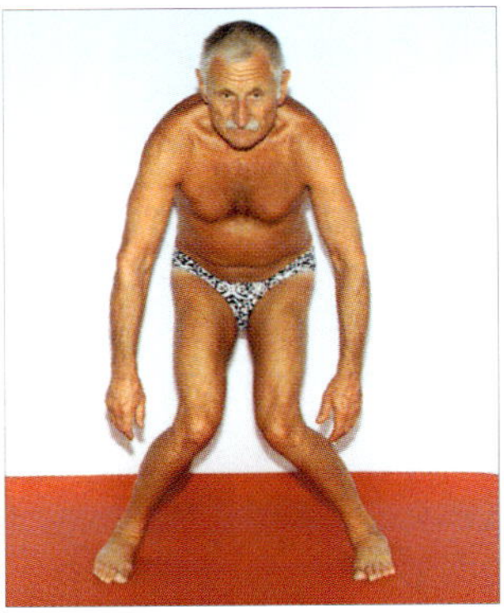

Stand auf Fußinnenkanten, tiefes Kniebeugen bis zum Knieschluß

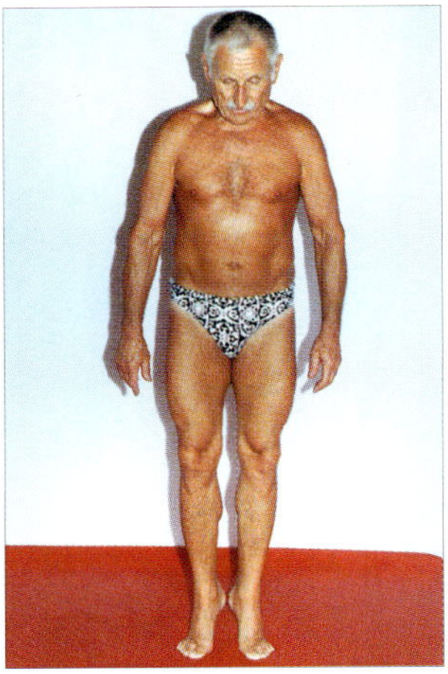

Stand auf Zehenspitzen, tiefes Kniebeugen, Fersen bleiben immer beisammen

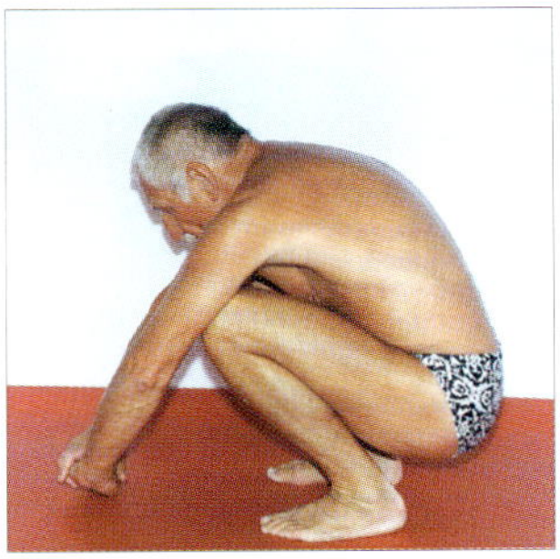
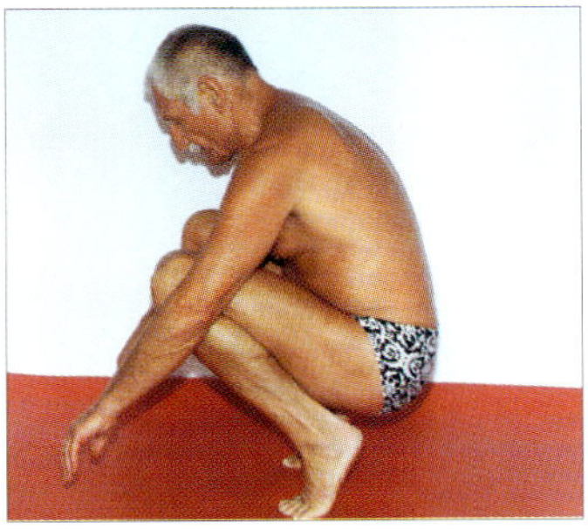

Wechsel zwischen Sohlenhockstand und Zehenhockstand

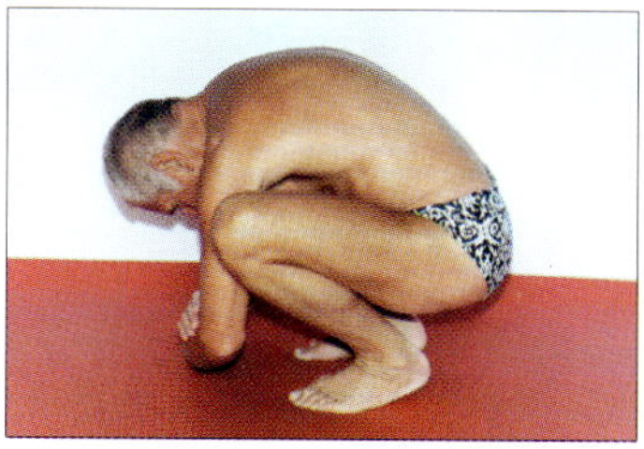

Vorbeugen mit verschränkten Armen,
tiefes Kniebeugen, bis Ellbogen Boden berühren

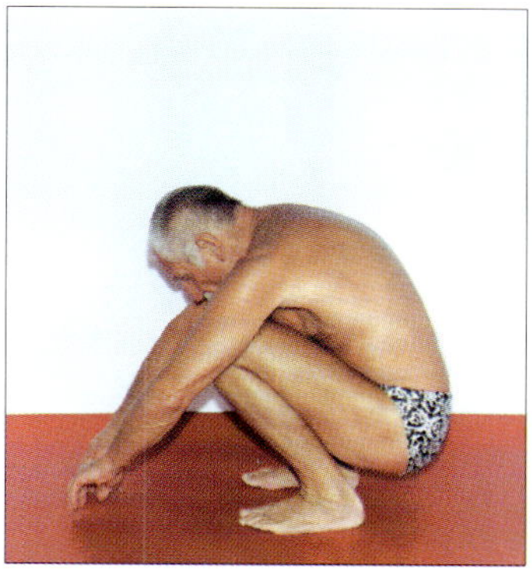

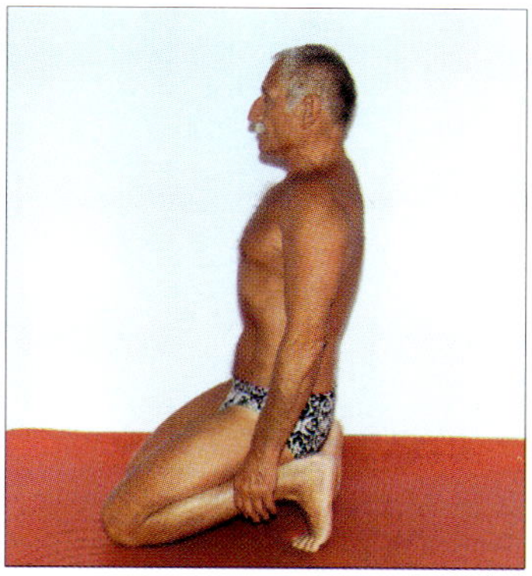

Wechsel zwischen Sohlenhockstand und Kniestand

Kniestand links, rechtes Bein seitlich weggestreckt,
Wechsel zwischen Kniestand und Kniesitz links, Beinwechsel

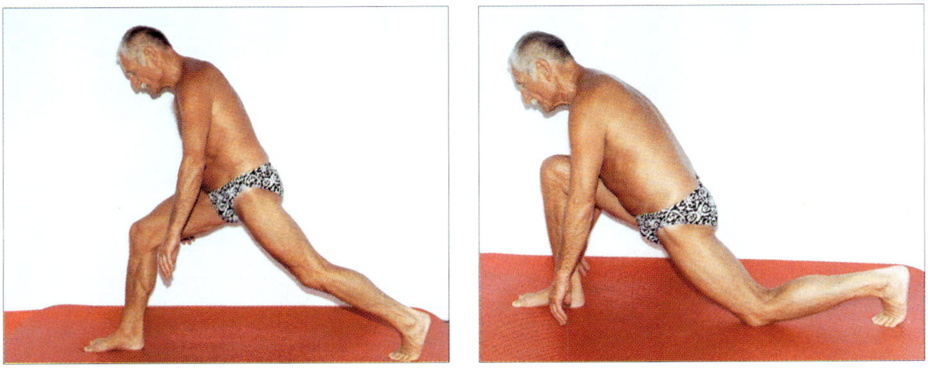

Weiter Quergrätschstand, Kniebeugen und Strecken

Weiter Grätschstand, Oberkörper abwechselnd auf gebeugtes rechtes und linkes Knie legen

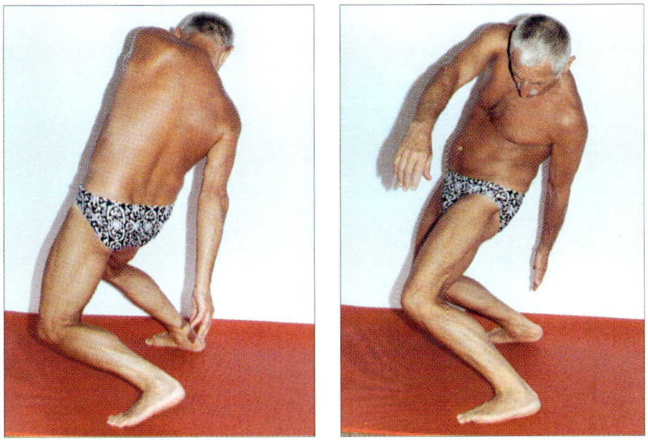

Grätschstand, Becken vorschieben und gleichzeitig mit der rechten Hand zur linken Ferse greifen und umgekehrt

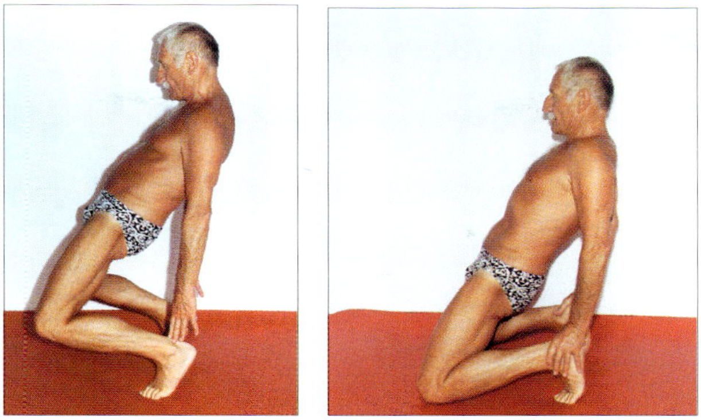

Grätschstand, Becken vorschieben, mit Händen auf Fersen greifen
bis zum Kniestand kommen und wieder zurück

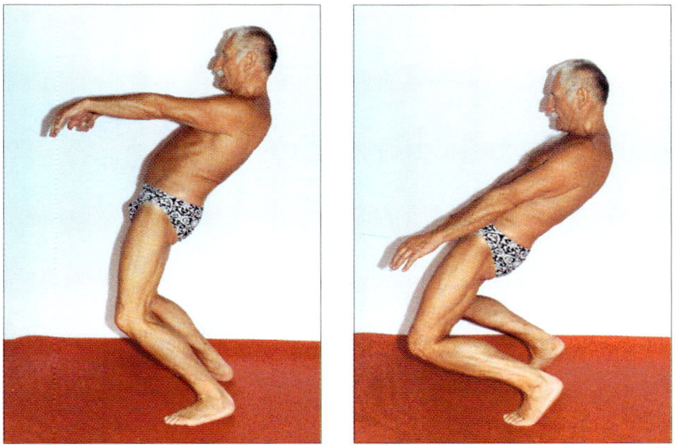

Grätschstand, Becken vorschieben bis zum Kniestand und wieder zurück

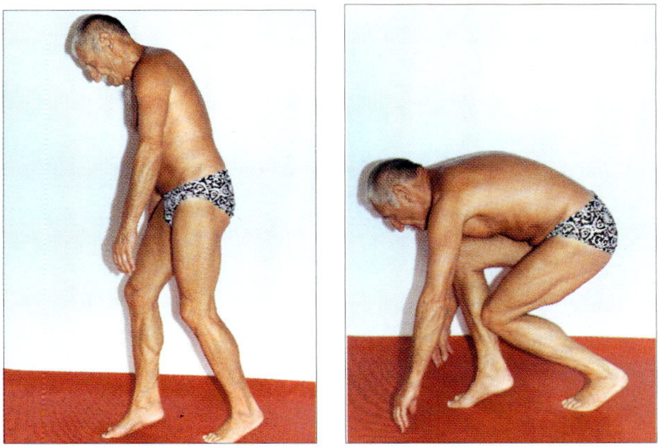

Stand auf Zehenspitzen, Füße hintereinander, tiefes Kniebeugen,
wobei linkes unter rechtes Knie gelangt, Beinwechsel

Beide Füße hintereinander in einer Linie, abwechselnd mit Händen links und rechts zu den Fersen greifen. Beinwechsel

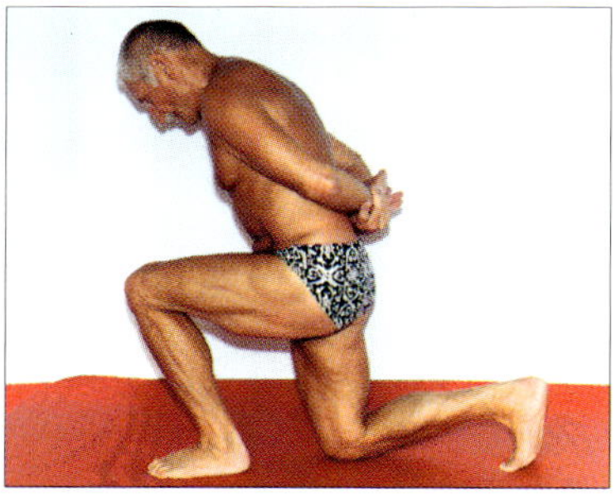

Kniestand rechts, linker und rechter Fuß befinden sich auf einer Linie, Beugen und Strecken des rechten Beines, Beinwechsel

Kniestand rechts, linker und rechter Fuß in einer Linie, mit verschränkten Armen im Wechsel vor- und zurückwippen, Beinwechsel

b) Stand- und Gleichgewichtsübungen einbeinig

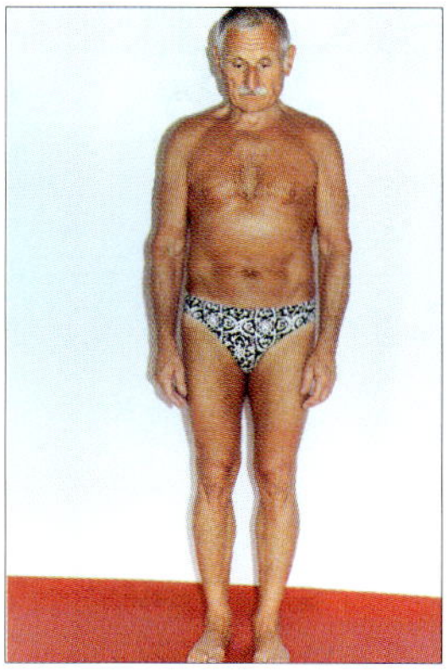

Seitspreizen links, Beinwechsel

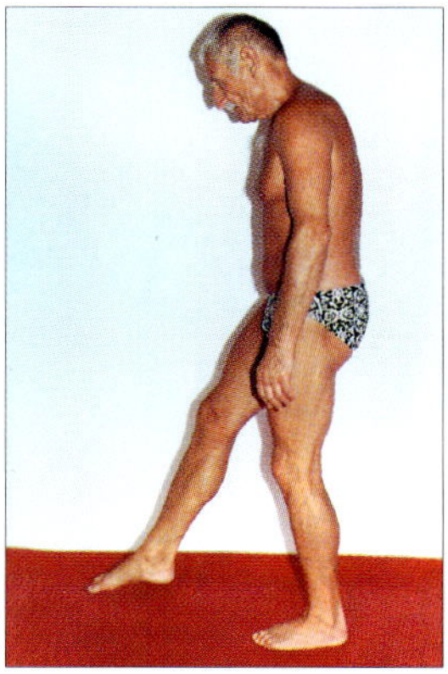
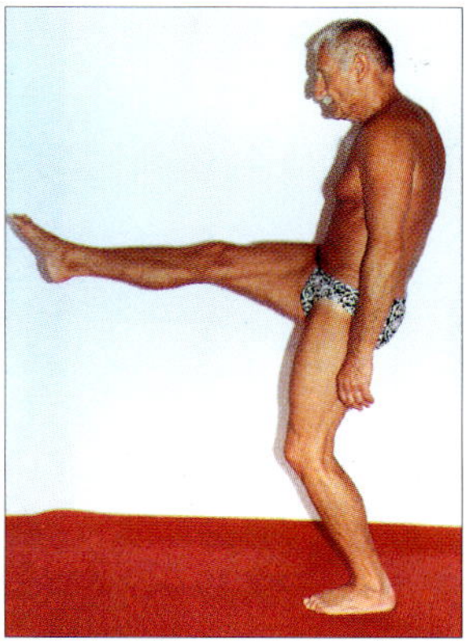

Vorspreizen rechts, Beinwechsel

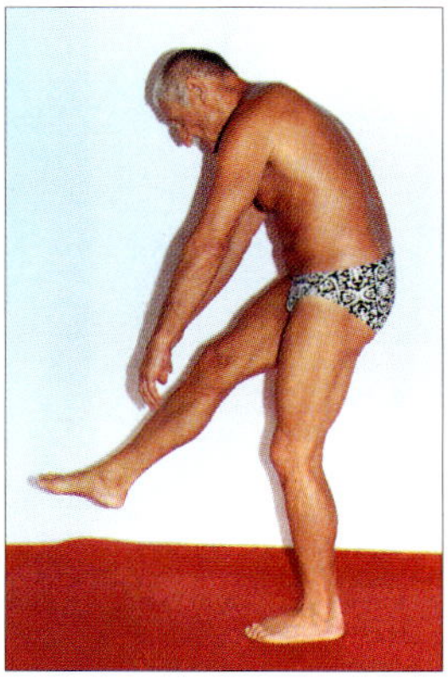

Schwungvolles Rückspreizen rechts mit gleichzeitiger Oberkörpervorlage, Beinwechsel

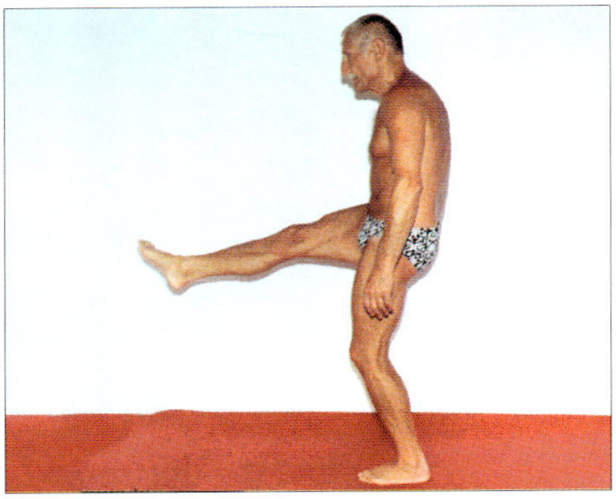

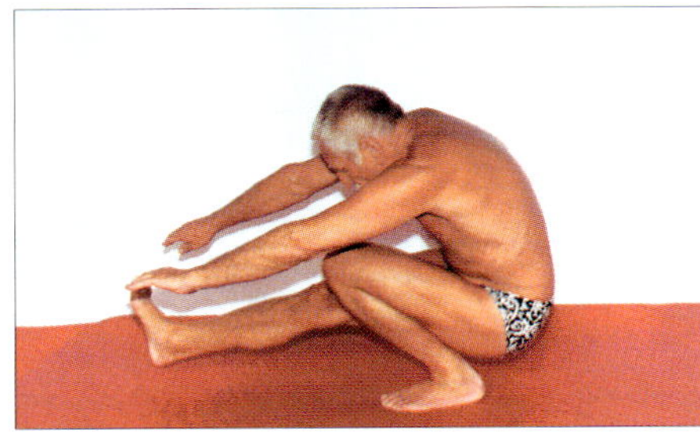

Aus der Vorspreizhalte rechts, tiefes Kniebeugen links, Standbeinwechsel

Aus der Standwaage links vorlings tiefes Kniebeugen, Standbeinwechsel

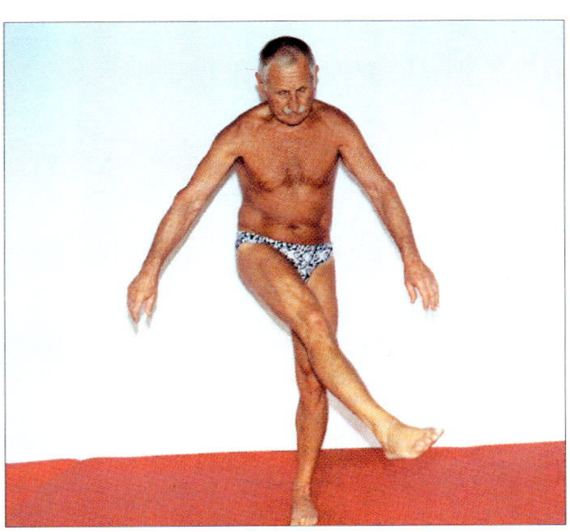

Stand auf linkem Bein, großes Beinkreisen rechts, Standbeinwechsel

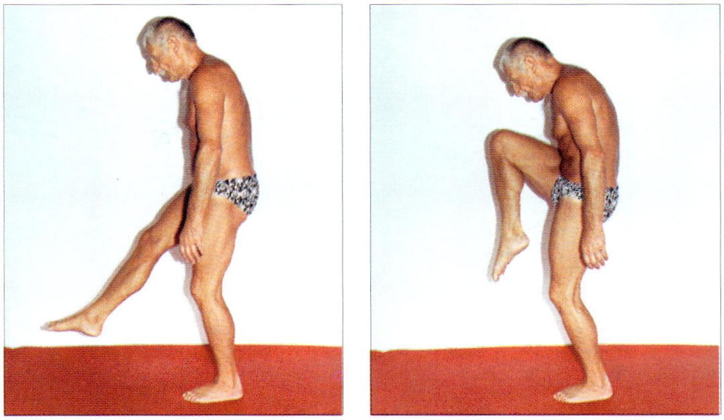

Abwechselnd linkes und rechtes Knie zur Brust reißen

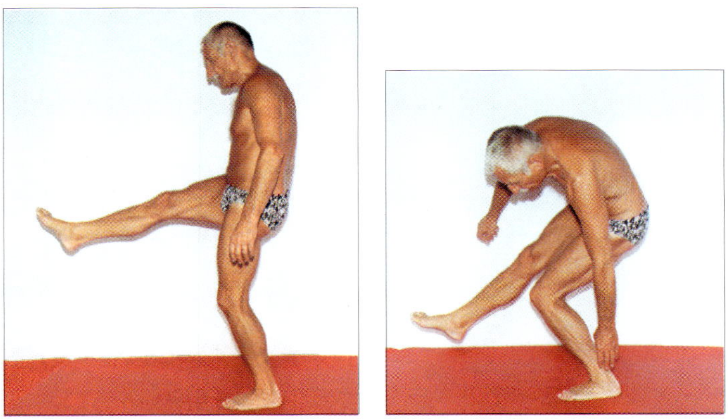

Standwaage links, Kniebeugen und zur linken Ferse greifen, Beinwechsel

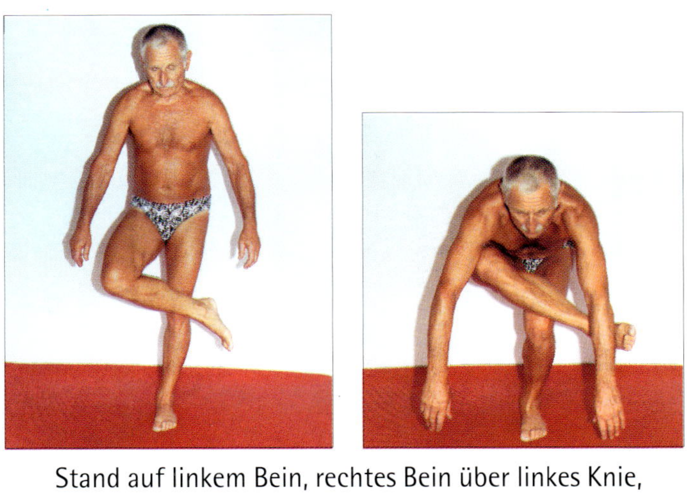

Stand auf linkem Bein, rechtes Bein über linkes Knie,
tiefes Kniebeugen links, Beinwechsel

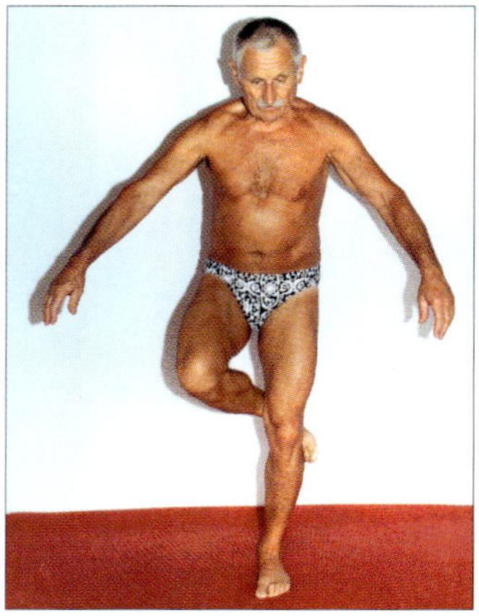
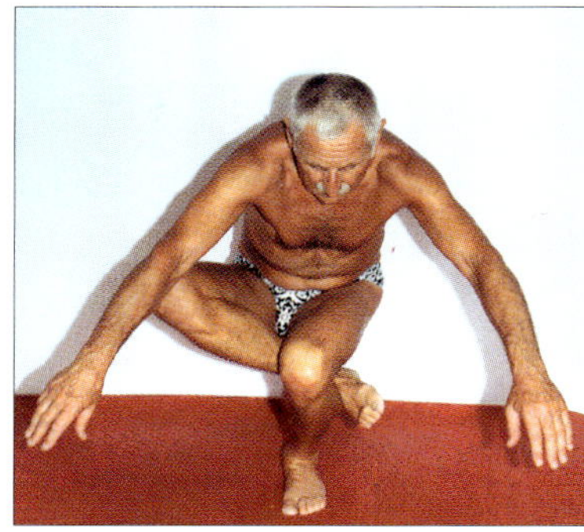

Stand auf linkem Bein, rechter Rist in linker Kniekehle,
tiefes Kniebeugen links, Beinwechsel

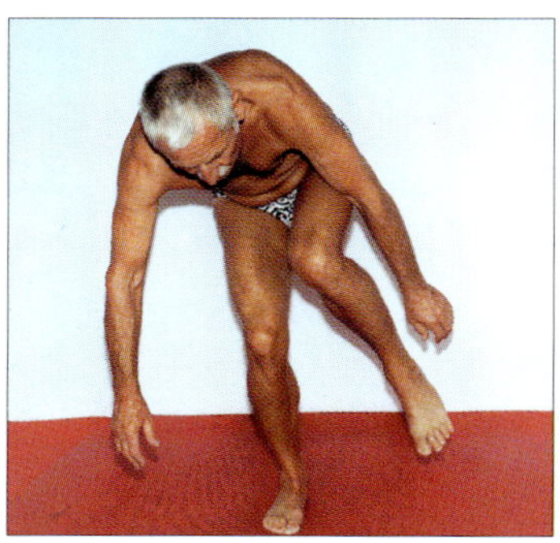
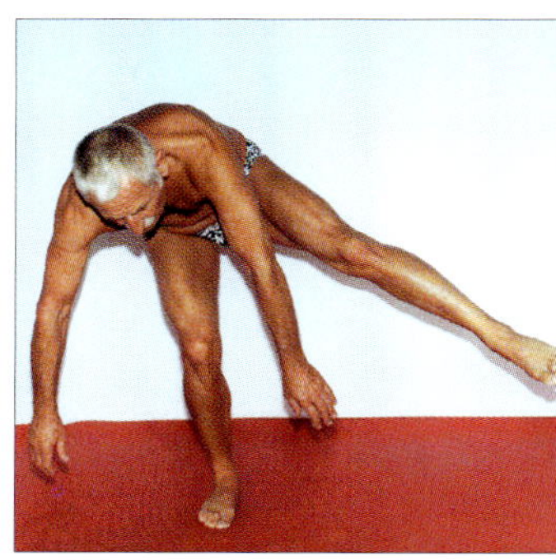

Hockstand, linkes Bein kräftig seitlich wegstoßen, Beinwechsel

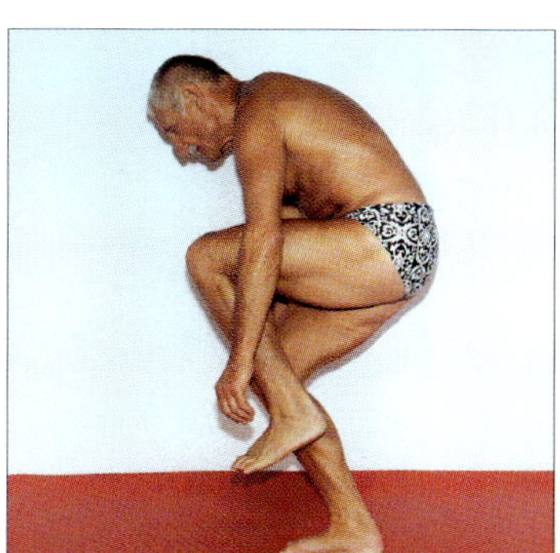
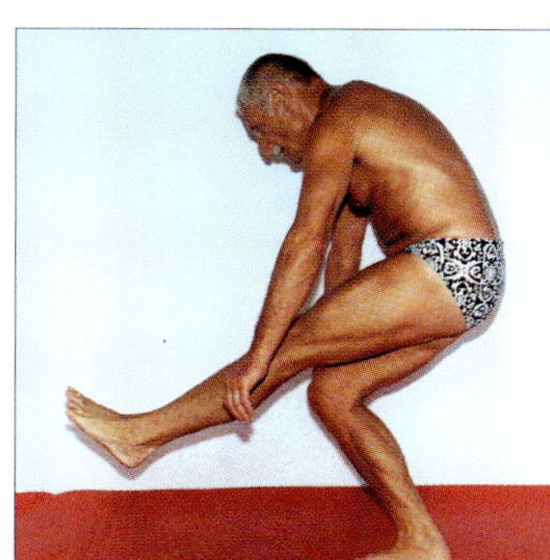

Hockstand, linkes Bein mehrmals nach vorne stoßen, Beinwechsel

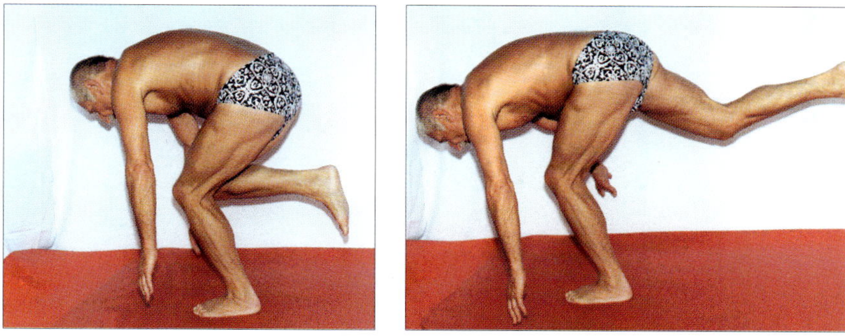

Hockstand, rechtes Bein nach rückwärts stoßen, Beinwechsel

Hockstand links, rechtes Bein schwungvoll von vorne nach hinten führen und zurück, Beinwechsel

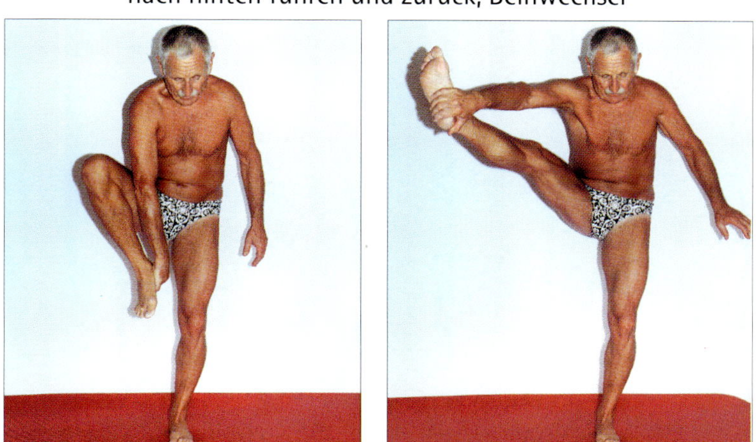

Stand auf linkem Bein, Seitspreizen rechts mit Handfassung, Beinwechsel

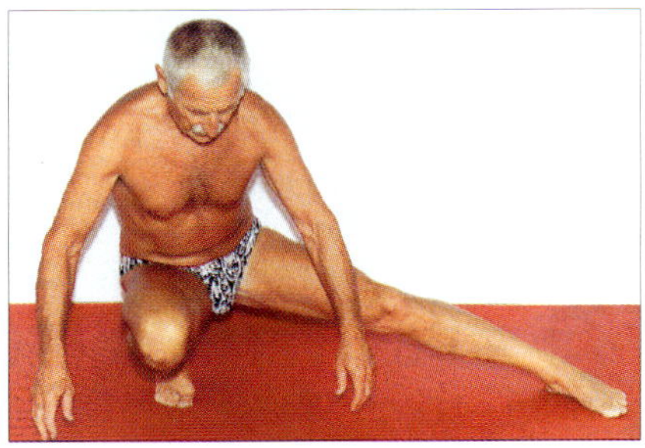

Wechsel im Zehenhockstand links und rechts, zweites Bein seitlich wegstrecken

„Reuelschwung" - Standwaage links, rechtes Bein schwungvoll vorziehen, dann Wechsel auf zweites Bein usw.

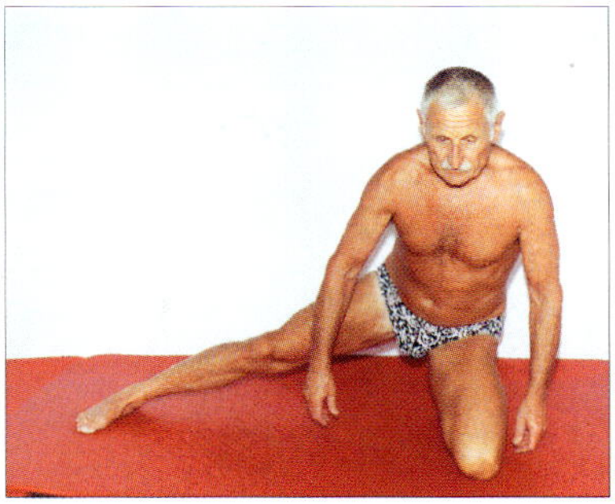

Hockstand links, rechtes Bein seitlich weggestreckt,
Wechsel zwischen Sohlenstand und Kniestand links, Beinwechsel

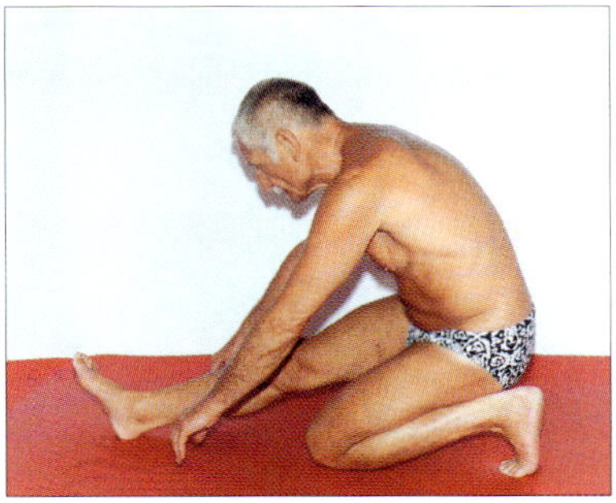
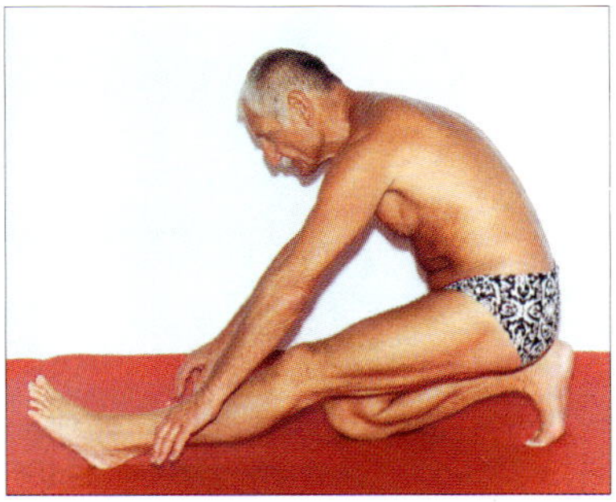

Wechsel zwischen Kniestand links und Kniestand rechts

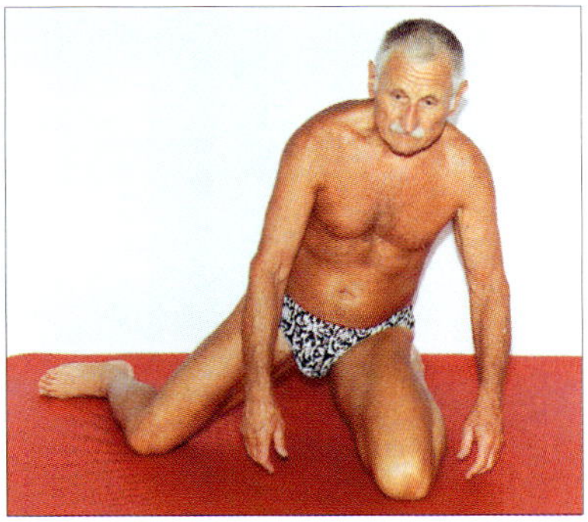
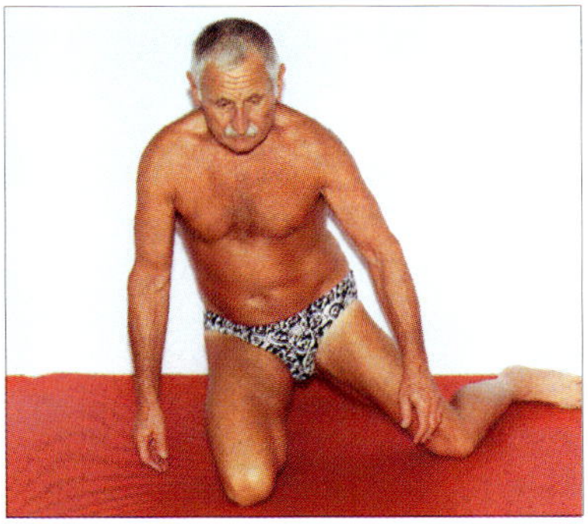

Wechsel zwischen Kniestand links und Kniestand rechts

c) Stand- und Gleichgewichtsübungen mit Arm- und Beinunterstützung

Hockstand links, Brust auf linkem Oberschenkel,
rechtes Bein rückspreizen, Beinwechsel

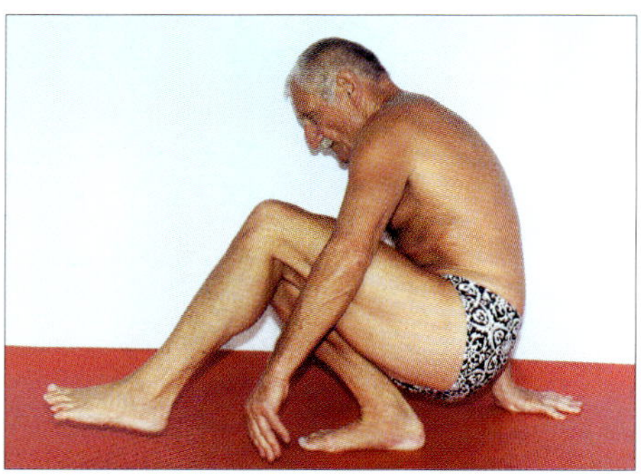

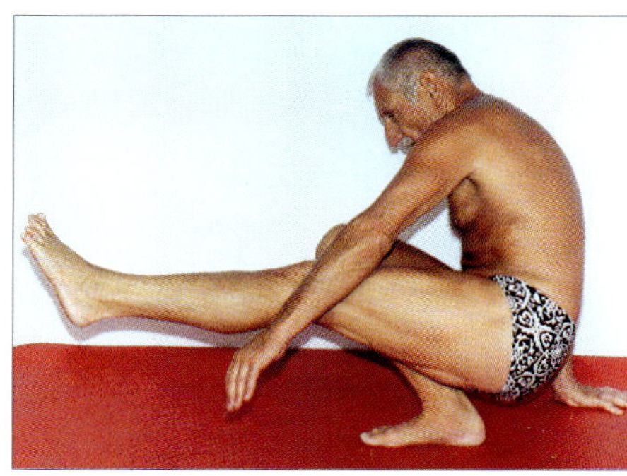

Hockstand rechts mit Handunterstützung,
linkes Bein schnell beugen und strecken, Beinwechsel

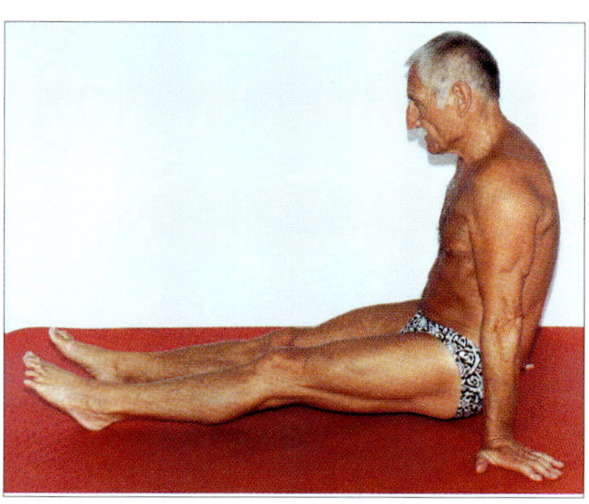

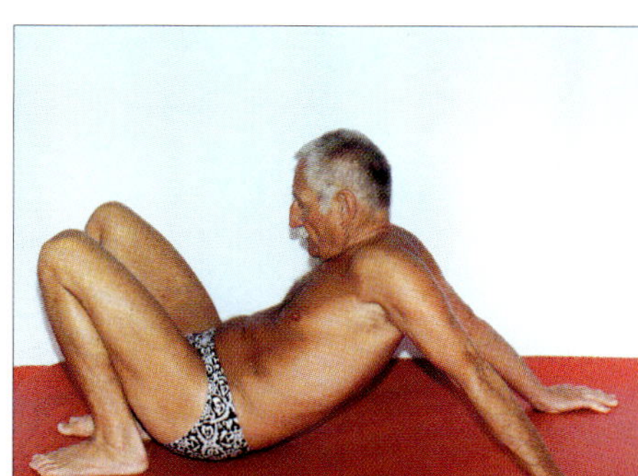

Liegestütz rücklings, Becken bis zu den Fersen vorschieben und wieder zurück

Liegestütz rücklings, Becken bis zur Ferse vorschieben
und dabei ein Bein hoch wegstrecken

Liegestütz seitlings, Becken bis zu den Fersen vorschieben und wieder zurück

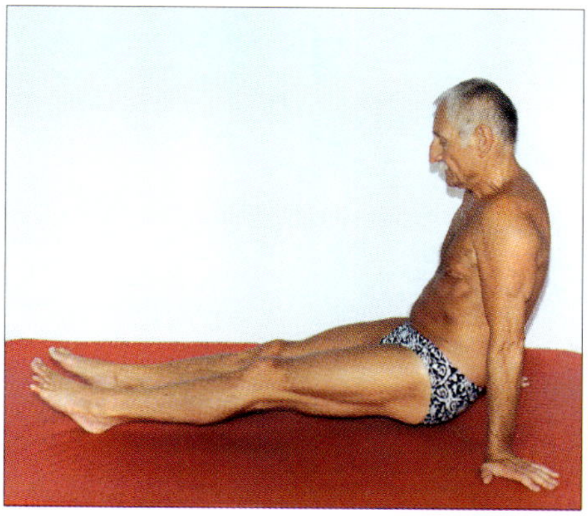

Wechsel zwischen Liegestütz rücklings und Kniesitz rücklings

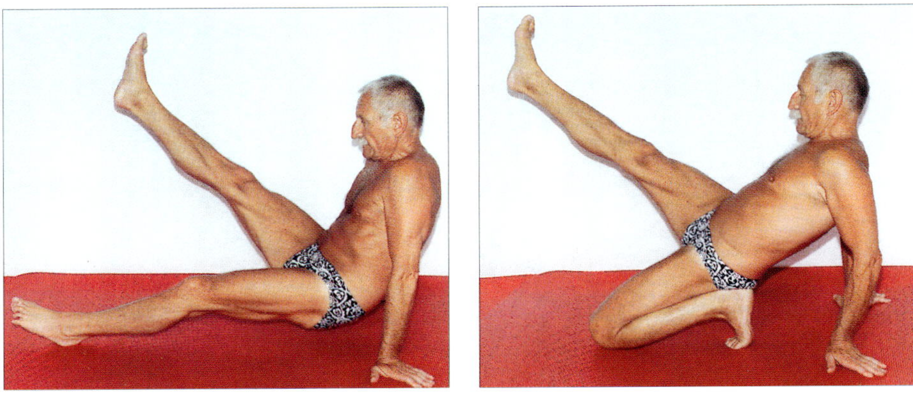

Wechsel zwischen Liegestütz rücklings und Kniesitz rücklings,
zweites Bein dabei hochgestreckt

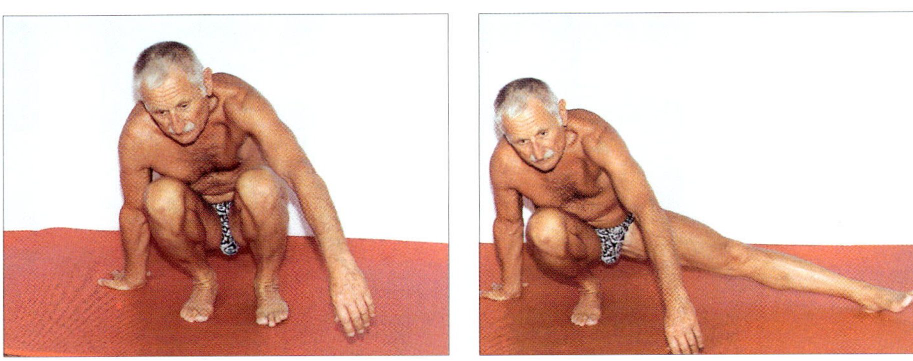

Hockstand mit Armunterstützung rechts,
linkes Bein seitlich wegstrecken und wieder beugen, Beinwechsel

Hockstand links, rechtes Bein hochspreizen, Beinwechsel

WIR HABEN KEINEN

RUHEAPPARAT,

WIR HABEN EINEN

BEWEGUNGSAPPARAT!

IV. Spezielle Beweglichkeitsübungen für Wirbelsäule , Beckengürtel, Schultergürtel und Extremitätengelenke

(Diese Übungen eignen sich gut zum Dehnungstraining)

1. Hürdensitzübungen links und rechts

a) Linkes Bein im Knie gestreckt

b) Mit linker Hand zur linken Ferse innen greifen

c) Mit beiden Händen zur linken Ferse greifen

d) Rumpf zum gebeugten Bein beugen

e) Beide Unterarme zwischen gegrätschten Beinen auf Boden legen

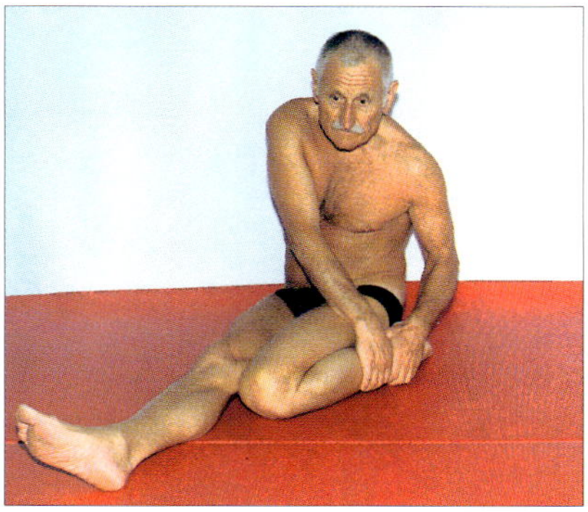

f) Linkes Bein gebeugt, rechtes Bein gestreckt; Rumpf mit Handfassung am Unterschenkel zum gebeugten Bein drehen und beugen

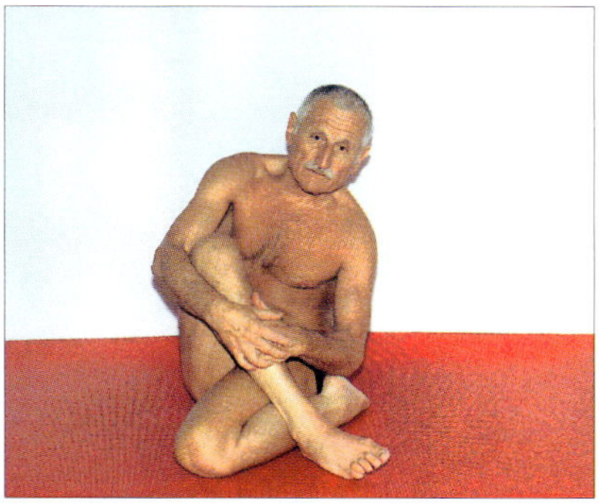

g) Rechtes Knie in überkreuzter Stellung zur Brust ziehen

2. Schneidersitzübungen (links und rechts)

a) Linkes Bein gestreckt, rechte Fußsohle zum inneren Oberschenkel führen

b) Mit linker Hand zur linken Innenferse greifen, rechte Hand drückt rechtes Knie nach unten

c) Rumpf zum gebeugten rechten Knie beugen und mit Kinn Knie berühren, linkes Bein bleibt gestreckt

d) Rumpfvorbeuge, beide Unterarme zwischen gegrätschten Beinen auf Boden legen

e) Linkes Bein über gebeugtes rechtes führen und Knie mit beiden Armen zur Brust ziehen

f) Rechten Unterschenkel ein kleines Stück vorschieben und linkes Gesäß nach unten drücken

g) Rumpf zum linken Fuß drehen und beugen, Unterarme am Boden ablegen

h) Rumpf weiter beugen, bis Stirn den Boden berührt (Zehen küssen!)

3. Ausfallsschrittübungen (links und rechts)

a) Linker Unterschenkel senkrecht, Brust auf Oberschenkel, Hände berühren den Boden

b) Beide Unterarme beim linken Innenknöchel auf Boden ablegen

IM VERSTEHEN

DES TUNS

LIEGT DER ERFOLG

4. Spezielle Beweglichkeitsübungen

1. Mit gebeugten Ellbögen an Wand lehnen, linker Fuß an der Wand, rechter Fuß ca. 1 m parallel dahinter

2. Linkes Knie zur Wand drücken und gleichzeitig Becken vorschieben (Fersen bleiben am Boden)

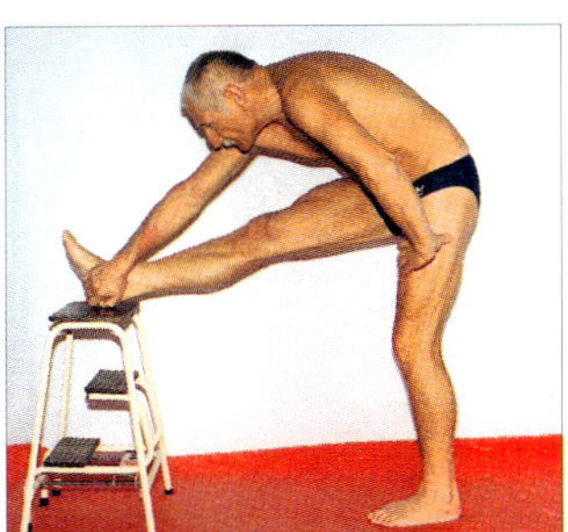

3. Stand links, rechtes Bein gestreckt auf erhöhte Unterlage und mit rechter Hand zur rechten Innenferse greifen - Rumpf vorbeugen

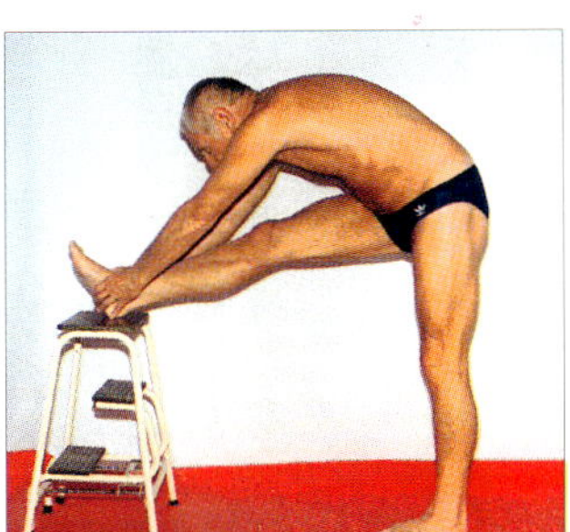

4. Mit beiden Händen links und rechts zur rechten Ferse greifen

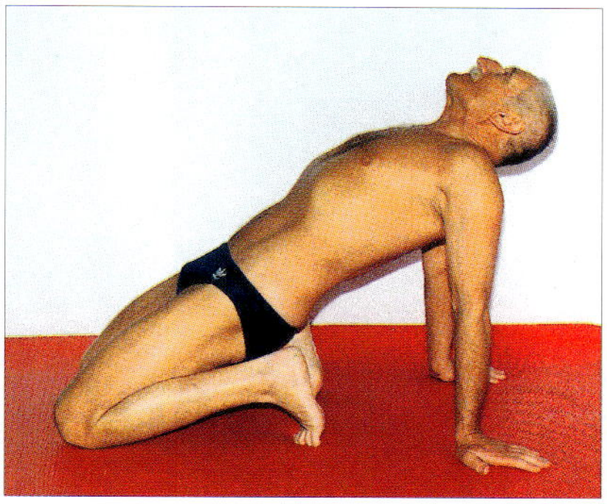

5. Zehen- Kniestand, Becken vorschieben und mit Armen so weit wie möglich hinten abstützen

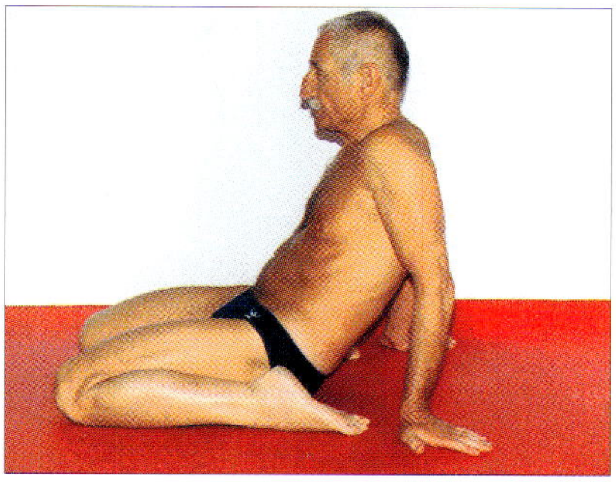

6. Zwischen beiden Beinen mit Gesäß absitzen, mit Armen abstützen (VORSICHT auf innere MENISCI!)

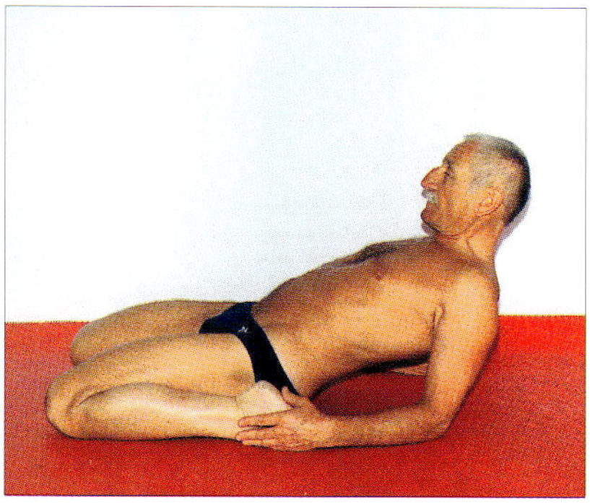

7. Oberkörper nach unten bewegen, mit Ellbogen abstützen

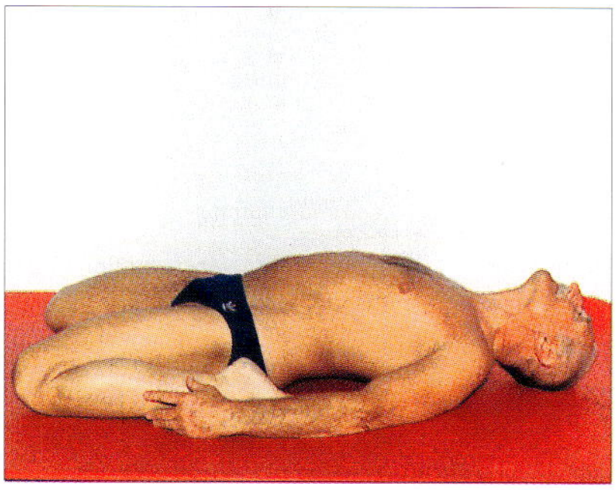

8. Rückenlage - nur für gut Bewegliche empfehlenswert!

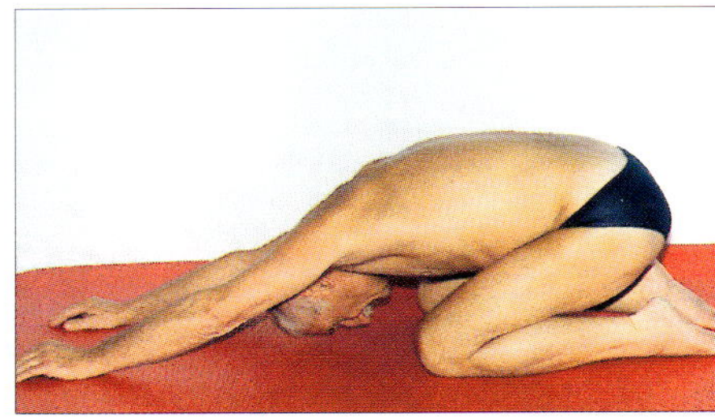

9. Fersensitz - mit gestreckten Armen weit nach vorne greifen - Rumpfgewicht auf beiden Schultern

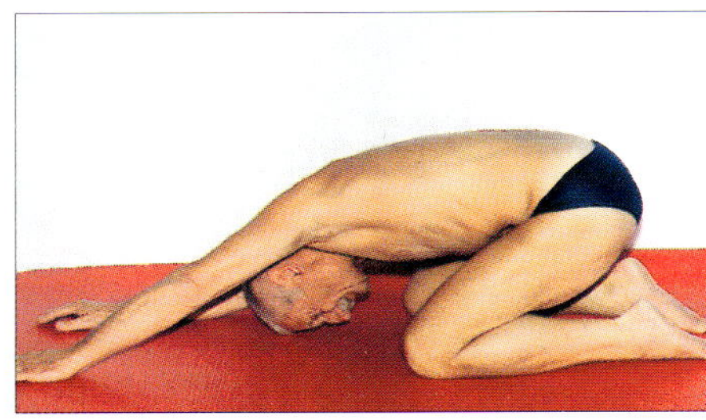

10. Rumpfgewicht abwechselnd auf rechte bzw. linke Schulter verlagern

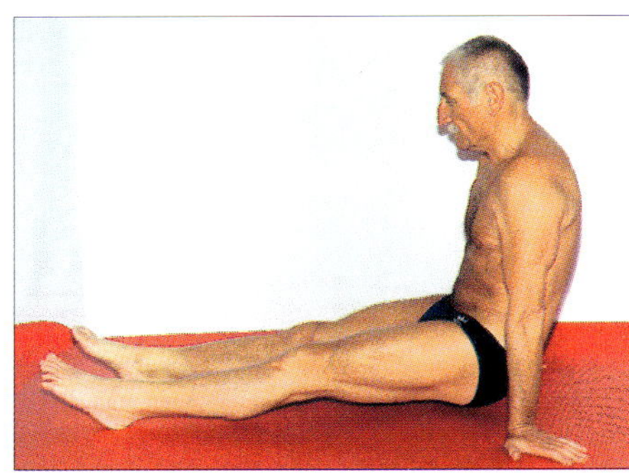

11. Strecksitz,- Becken durch Armabstützung vom Boden abheben

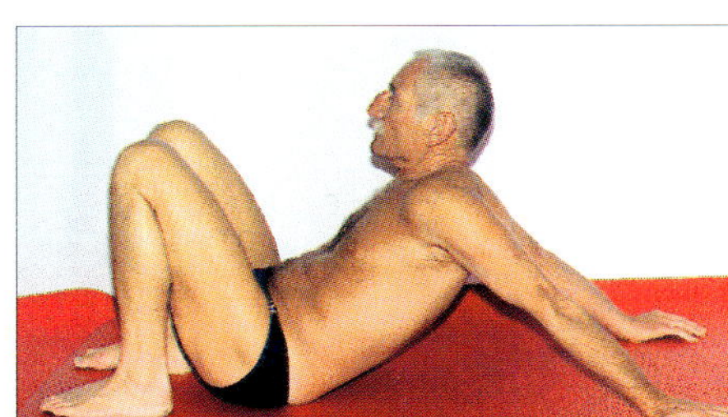

12. Becken so weit wie möglich zu den Fersen vorschieben, Rumpfgewicht auf beiden Schultern

13. Rumpfgewicht abwechselnd auf rechte bzw. linke Schulter verlagern

14. Nackenstand mit Armabstützung

16. Mit gegrätschten Beinen Boden berühren

15. Mit beiden gestreckten Beinen hinter dem Kopf Boden berühren

17. Abwechselnd mit linkem bzw. rechtem Bein Boden berühren

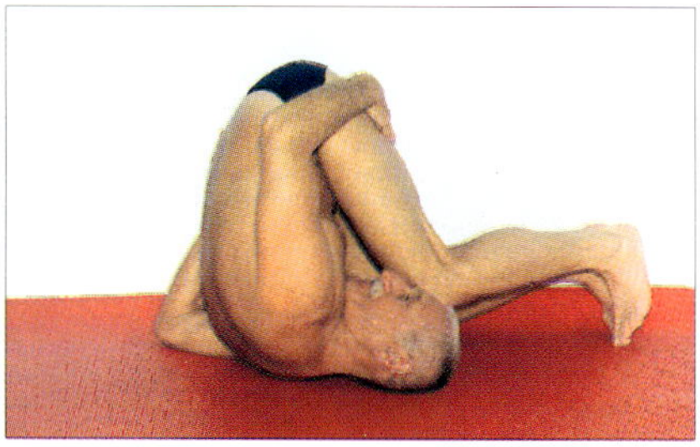

18. Abwechselnd mit gebeugten Knien links und rechts den Boden berühren

19. Aus Grätschsitz beide Fersen zum Gesäß ziehen und mit Ellbogen beide Oberschenkel nach außen drücken

20. Abwechselnd rechtes bzw. linkes Bein mit Fersengriff im Kniegelenk strecken

21. Beide Beine mit Fersengriff im Kniegelenk gleichzeitig strecken

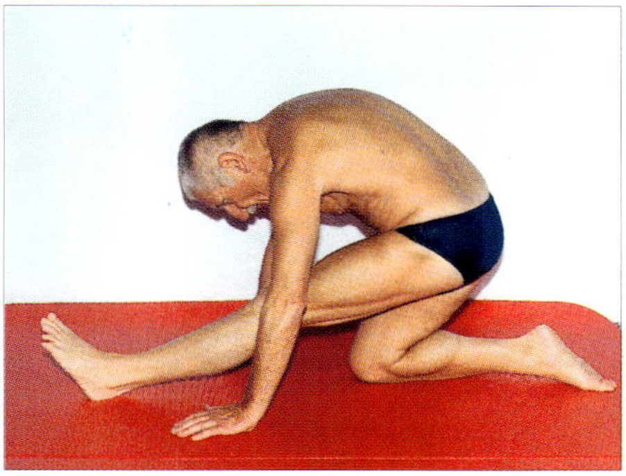

22. Kniestand rechts, linkes Bein gestreckt, mit Armabstützung Rumpf vorbeugen

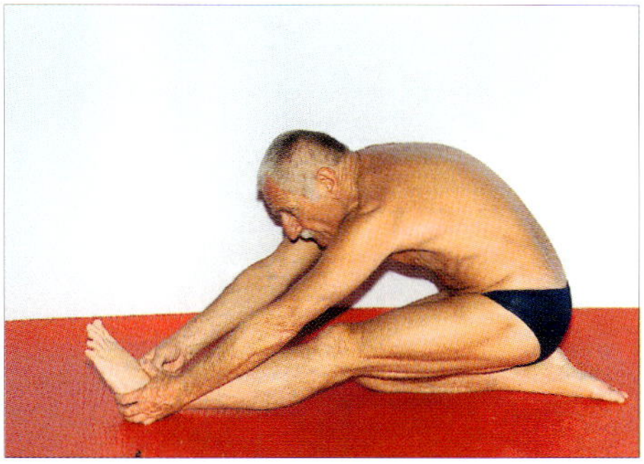

23. Fersensitz rechts, mit beiden Händen bei gestrecktem linken Bein Ferse erfassen

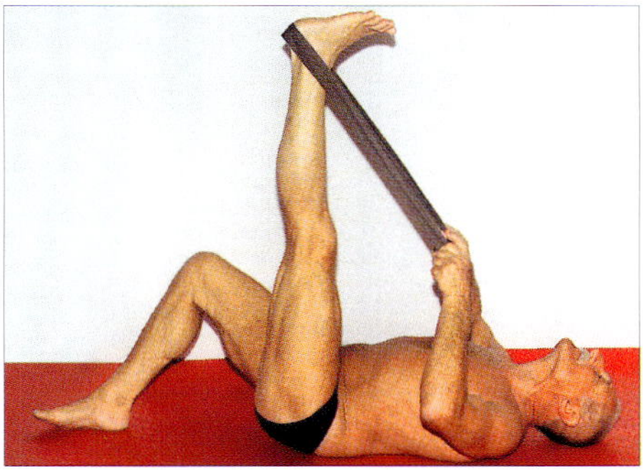

24. Rückenlage, gestrecktes linkes Bein mit Hilfe eines breiten Bandes in die Senkrechte ziehen, Band um Ferse legen

25. Bauchlage, mit rechter Hand rechte Ferse zum Gesäß ziehen und umgekehrt

26. Bauchlage, abwechselnd linken bzw. rechten gestreckten Arm nach oben bewegen

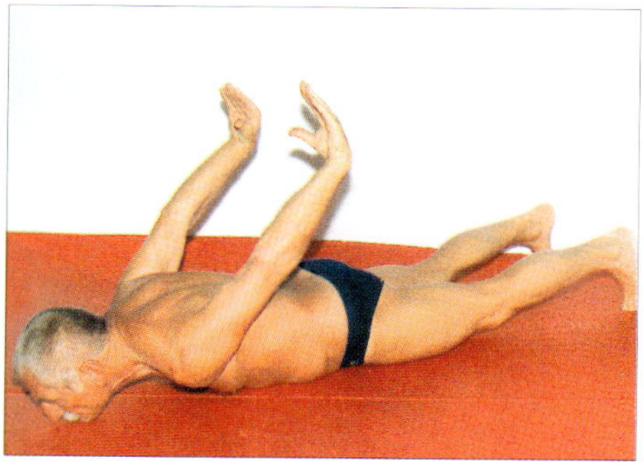

27. Bauchlage, beide gestreckten Arme gleichzeitig nach oben bewegen

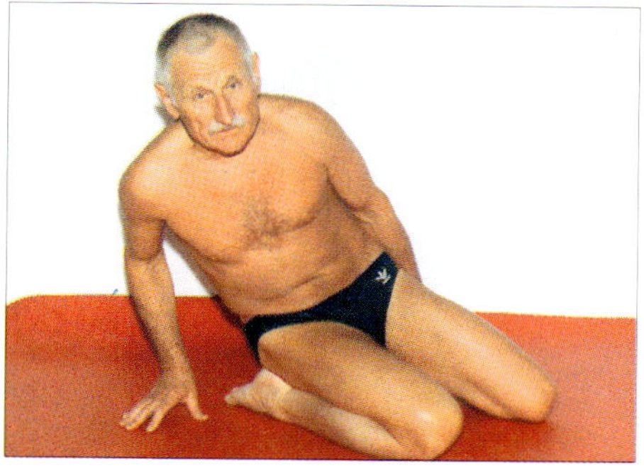

28. Abwechselnd auf linke bzw. rechte Ferse setzen

29. Abwechselnd auf linke bzw. rechte Ferse setzen mit gleichzeitiger Rumpfdrehung

30. Kniestand links, Rumpf zum
    gestreckten rechten Bein kippen

31. Kniestand rechts, Rumpf zum
    gestreckten linken Bein kippen

32. Kniestand rechts, Rumpfdrehung
    zum gestreckten linken Bein
    und umgekehrt

33. Gewichtsverlagerung von Hockstand
    links auf Hockstand rechts mit
    abgespreiztem zweiten Bein

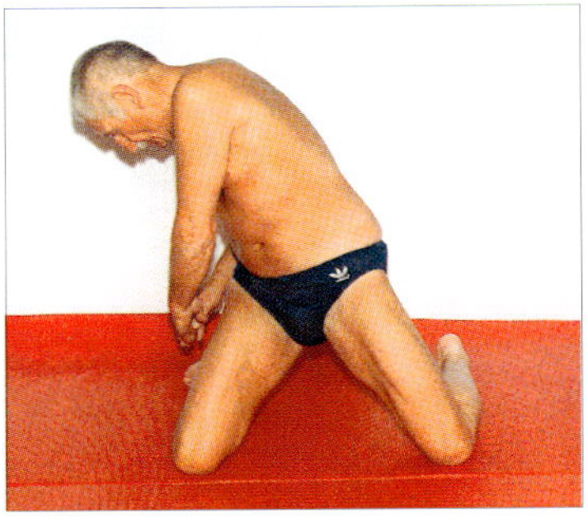

34. Kniegrätschstand, abwechselnd Rumpfdrehung nach links und rechts

35. Kniegrätschstand, abwechselnd Rumpf mit verschränkten Ellbogen zum linken bzw. rechten Knie drehen und beugen

36. Kniegrätschstand, verschränkte Arme vor den Knien auf Boden ablegen

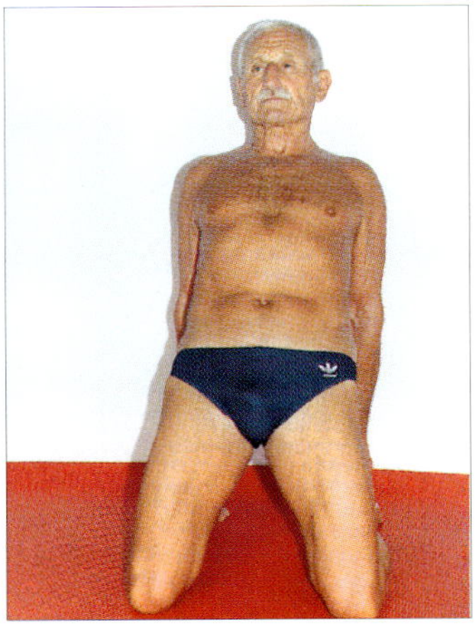

37. Kniegrätschstand, Becken nach vorn schieben, mit beiden Händen zu den Fersen greifen

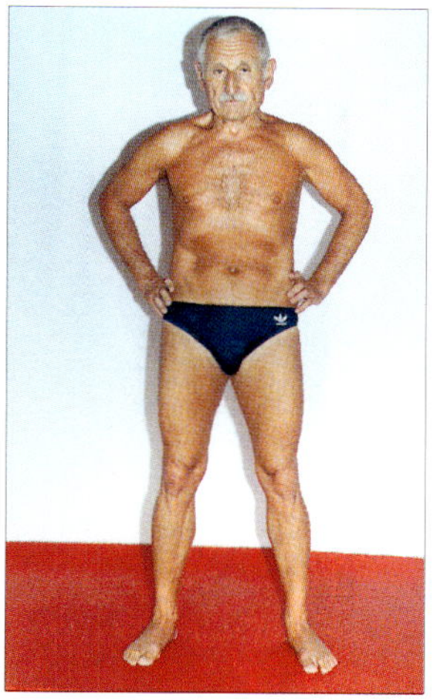

38. Grätschstand - Becken abwechselnd vor und zurückschieben

39. Zehenstand, Becken nach vor schieben

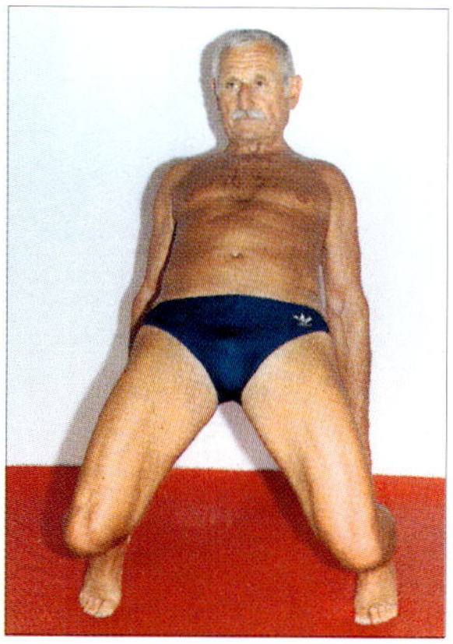

40. Zehenstand, Becken vor schieben und mit Händen zu den Fersen greifen

41. Hockstand, verschränkte Hände mit gestreckten Armen auf den Boden drücken

42. Rückenlage, abwechselnd linkes bzw. rechtes gestrecktes Bein in die Senkrechte führen

43. Kniestand, Handflächen bei gestreckten Ellbogen auf Boden drücken (Finger weisen zu den Knien)

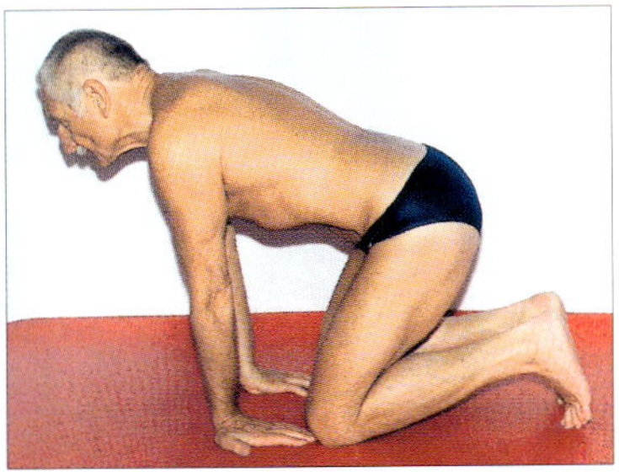

44. Aus Position 46 Gesäß langsam Richtung Fersen bewegen

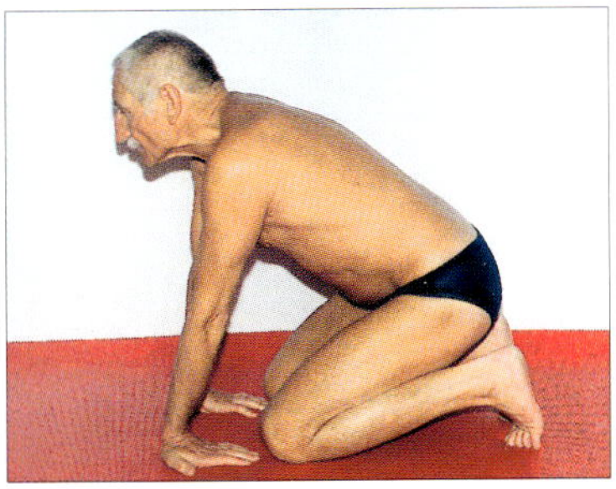

45. Wie 46 (Handrücken auf Boden)

46. Aus Position 48 Gesäß langsam Richtung Fersen bewegen

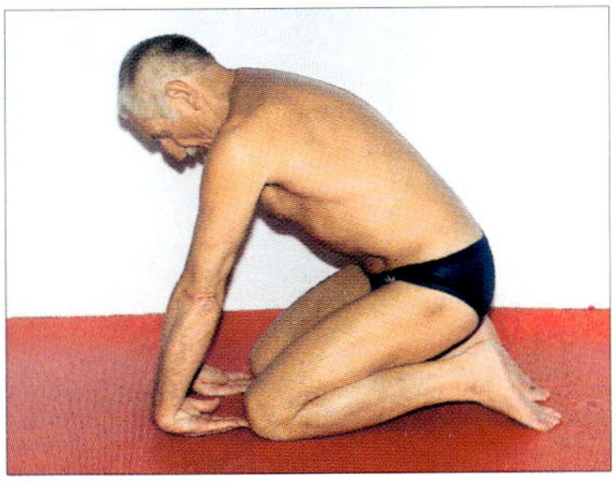

47. Zehen kräftig in Streckposition ziehen und halten

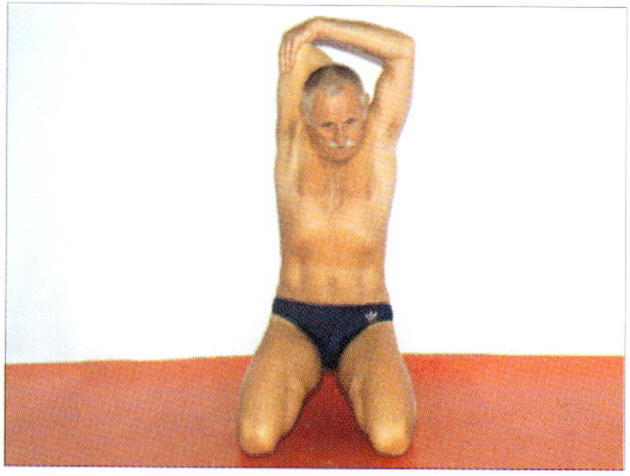

48. Kniestand, abwechselnd rechten bzw. linken gebeugten Arm hinter den Kopf ziehen

49. Bei abgestützten Ellbogen rechte Handfläche in verschiedenen Positionen in Streckstellung drücken

50. Wie 49., Handrücken in Beugestellung drücken

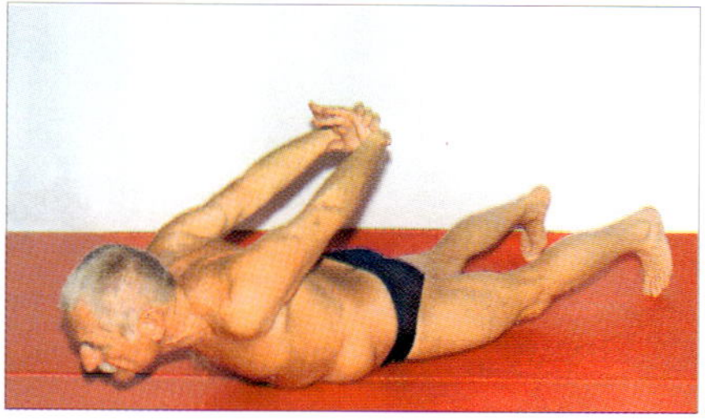

51. Aus Bauchlage mit nach hinten gestreckten Armen Rumpf von Unterlage abheben

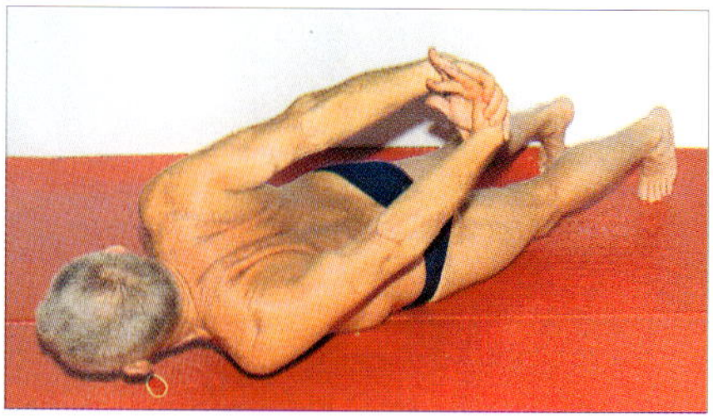

52. Aus Bauchlage mit nach hinten gestreckten Armen abwechselnd linke bzw. rechte Schulter von Unterlage abheben

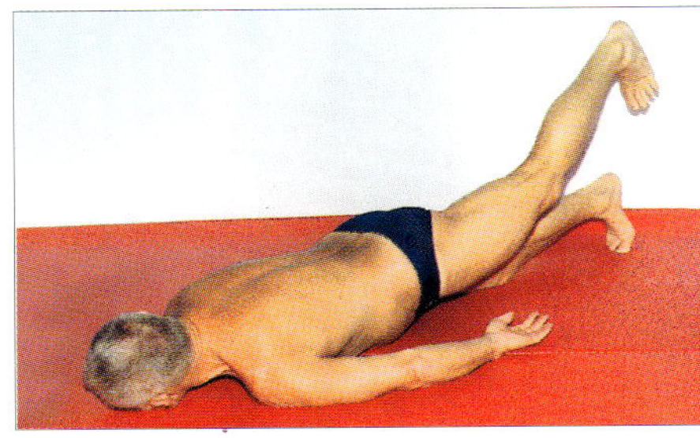

53. Aus Bauchlage abwechselnd linkes bzw. rechtes gestrecktes Bein mehrmals hochheben

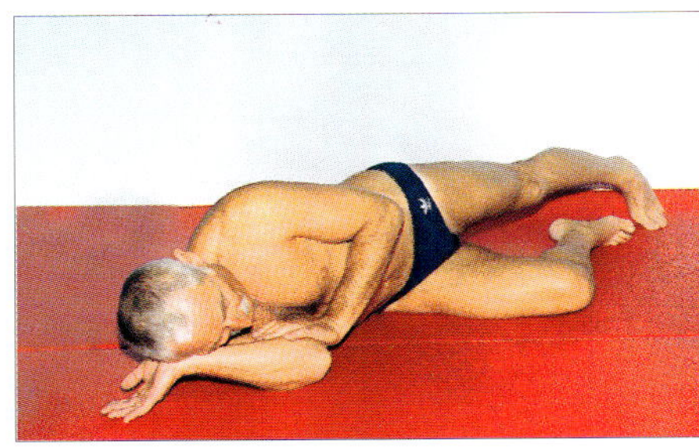

54. Aus Seitlage linkes bzw. rechtes gestrecktes Bein mehrmals abspreizen (Hüfte gestreckt, Fuß leicht nach innen gedreht)

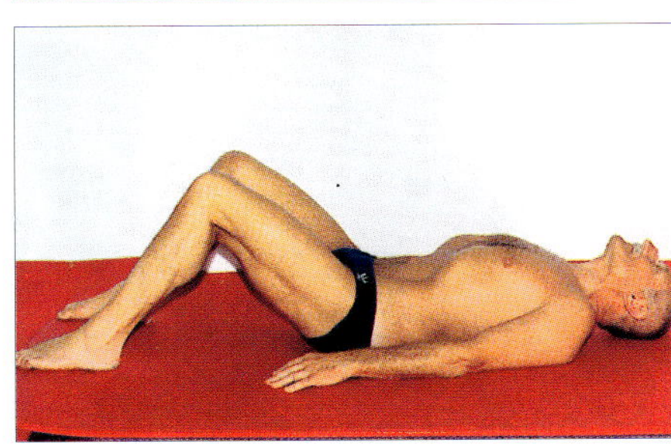

55. Aus Rückenlage mit angewinkelten Beinen Rumpf Wirbel für Wirbel langsam von der Unterlage mehrmals abheben (Arme in Vorhalte)

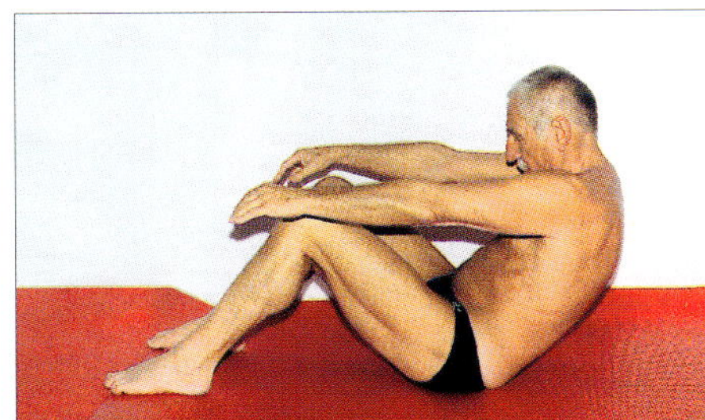

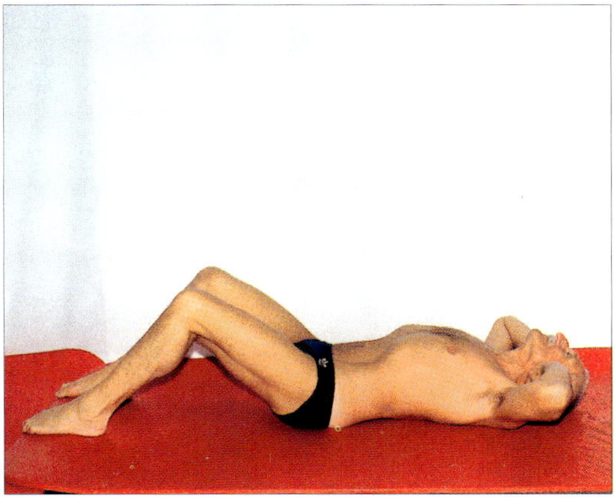

56. Wie 55. (Arme in Seithalte)

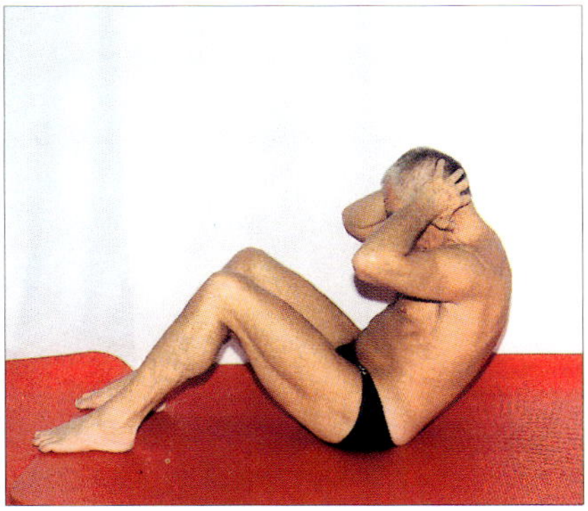

57. Knie-Hüft-Rumpfbeuge im Kreuzstand

5. Spezielle Kopf- und Nackenübungen

Wer kennt sie nicht, die unangenehmen Verspannungen im Nackenbereich, die uns, oft gepaart mit zermürbenden Kopfschmerzen, die letzten Lebensgeister rauben.

Da auch in dieser Körperregion häufig Muskel Verursacher solcher Zustände sein können, ist prophylaktisches und therapeutisches Üben (Dehnen) in Form von Beuge-, Streck-, Dreh- und Kippbewegungen im Hals- bzw. Kopfbereich mit folgenden Übungen empfehlenswert.

Alle Bewegungen sollen sehr langsam bis zum sogenannten Endanschlag ausgeführt und in dieser Stellung ca. 7-10 Sekunden isometrisch in Dehnspannung gehalten werden. Bei Schwindelgefühl Übung abbrechen!

1. Drehen nach links

2. Drehen nach rechts

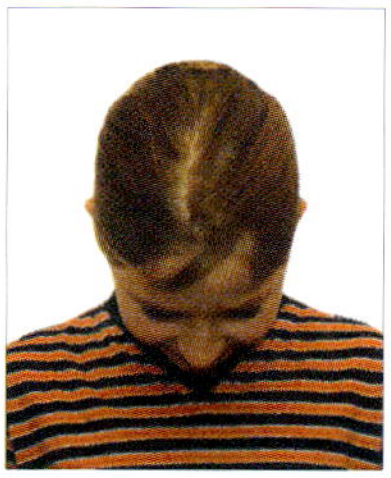

3. Beugen (Kinn auf Brust)

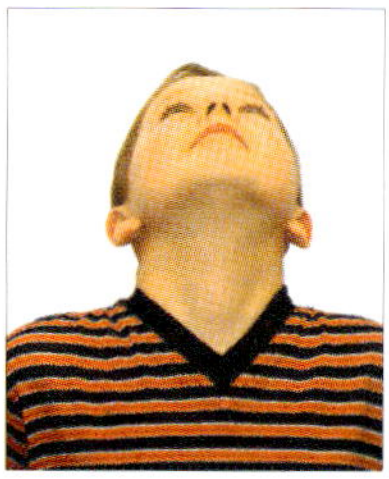

4. Strecken (Kopf im Nacken)

5. Kippen nach links

6. Kippen nach rechts

Kombinierte Übungen:

a.) Beugen und Drehen
b.) Strecken und Drehen
c.) Beugen und Kippen
d.) Strecken und Kippen

7. Beugen und Drehen nach links, Kinn bleibt auf Brust

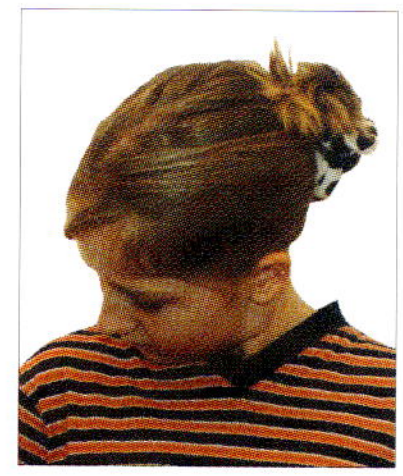

8. Beugen und Drehen nach rechts, Kinn bleibt auf Brust

9. Strecken und Drehen nach links, Kopf bleibt im Nacken

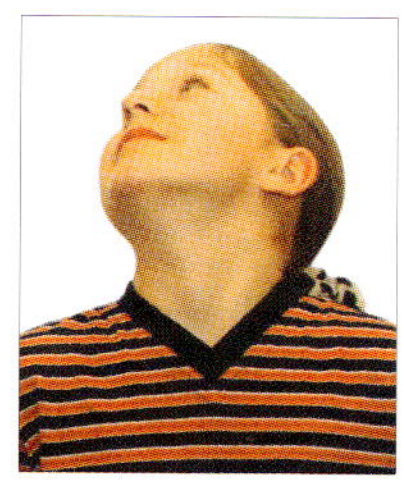

10. Strecken und Drehen nach rechts, Kopf bleibt im Nacken

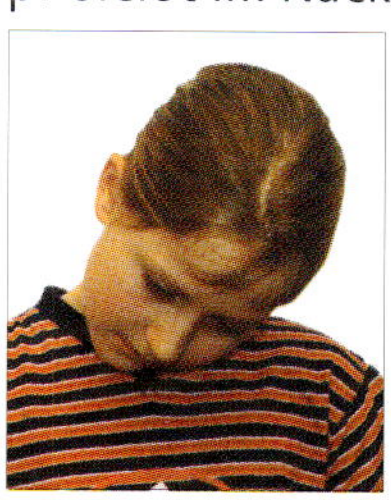

11. Beugen und Kippen nach links, Kinn bleibt auf Brust

12. Beugen und Kippen nach rechts, Kinn bleibt auf Brust

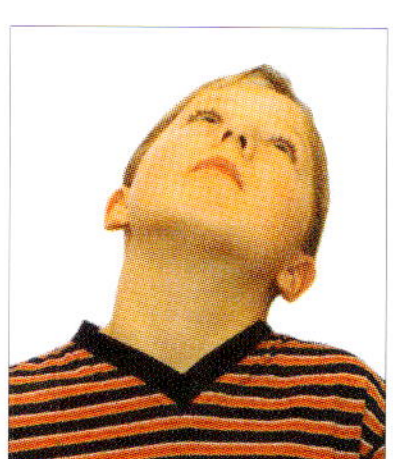

13. Strecken und Kippen nach links, Kopf bleibt im Nacken

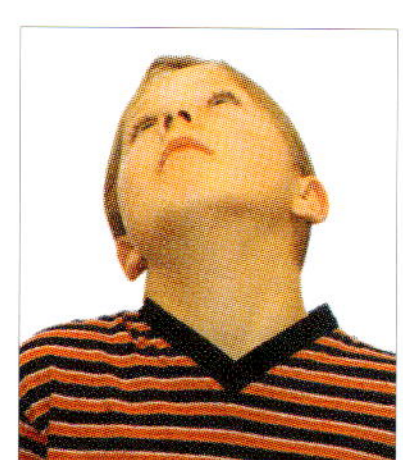

14. Strecken und Kippen nach rechts, Kopf bleibt im Nacken

AM BEWEGUNGSAPPARAT GILT:

WENIGER = MEHR

↕ ↕

(Medikamente) (Gesundheit)

MEHR = WENIGER

↕ ↕

(Medikamente) (Gesundheit)

Bemerkungen zum Dehnen (Stretching)

Kaum in einem anderen Fachgebiet ist es wie im Sport, daß nämlich oft längst Bekanntes und Erprobtes wieder entdeckt und mit fremdländischer Namensgebung als großartige Neuheit angepriesen wird.

CIRCUITTRAINING
JOGGING
AEROBIC
WALKING
STRETCHING

sind typische Beweise, daß der Prophet im eigenen Lande nichts gilt. Obwohl bei uns bereits bekannt und erprobt, erobern diese Sportbereiche erst nach ihrer Wiedergeburt und der Einfuhr aus dem Ausland, gekoppelt mit einem werbeträchtigen Wirtschaftszweig, (Joggingschuhe, Jogginganzüge, Aerobicanzüge, Aerobicstirnband, Legwarmers, Walkingbekleidung . . .) breite Bevölkerungsschichten.

Das sogenannte **„STRETCHING"**, in unserer Fachliteratur schon länger bekannt unter dem Begriff **„DEHNEN"**, bewegt aufgrund von Meinungsunterschieden die Sportgemüter. Unterschiedlich werden in der Literatur nicht nur die diversen Praxen, sondern auch die zeitlichen Dehnungsangaben bzw. die Zusammenhänge zwischen Dehnen und dem „sogenannten Aufwärmen" angegeben.

Jedem Dehnen

(THERAPEUTISCHEM DEHNEN,
PROPHYLAKTISCHEM DEHNEN,
DEHNEN VOR UND NACH SPORTLICHER TÄTIGKEIT,
DEHNEN IM AUFWÄRMPROGRAMM)

liegen jeweils andere Zielvorstellungen zugrunde, weshalb das Dehnen auch sehr unterschiedlich durchzuführen ist.

Mit unserem **„DKB-SYSTEM"** besitzen wir über das Dehnen nunmehr eine 20jährige praxisbezogene Erfahrung, die ich im Folgenden kurz zusammenfassen möchte:

Bezugsquelle: **DKB-Institut**
Untere Teichstraße 88, 8010 Graz,
Tel. & Fax: 0316 / 46 61 41

Die Muskulatur braucht für ihre optimale Funktion die
DEHNUNG,
KRÄFTIGUNG und die
BEWEGUNG
als zentral gesteuertes Muskelspiel.

Obwohl diese **TRAININGSEINHEIT „DKB"** untrennbar miteinander verbunden ist, muß, dem Thema Rechnung tragend, das **DEHNEN** isoliert behandelt werden.

In unserer Zivilisation werden die Extremitätengelenke in Mittelstellung gelagert, was schließlich zu Verkürzungen ihrer Muskulatur führt. Im Sport werden durch einseitige Kräftigung, ohne entsprechende Dehnung, diese Verkürzungen noch weiter verstärkt. Die Wichtigkeit von Dehnungsübungen unterstreicht auch die anatomische Besonderheit des Gelenksknorpels und der Bandscheiben. Diese werden nicht durch Blutgefäße ernährt, sondern durch den Wechsel von Druck und Entlastung. In der Druckphase der Bewegung werden sie wie ein Schwamm ausgepresst und in der Entlastung saugen sie wieder Nährflüssigkeit auf. Bei verkürzter Muskulatur findet nicht die optimale Entlastung statt, was zu Ernährungsstörungen führt. Im Tierversuch wurde die Bedeutung der Bewegung eindrucksvoll nachgewiesen. Durch Ruhigstellung im Gips kommt es beim Kaninchen nach 14 Tagen zu ersten mikroskopischen Knorpelveränderungen und nach 4 Wochen zu irreversiblen Schäden am Knorpel des fixierten Gelenkes.
Die wechselhafte Belastung der Gelenksknorpel und Bandscheiben durch **gezielte DEHNUNGS- und KRÄFTIGUNGSGYMNASTIK** ist ein ausschlaggebender Faktor in der Vorbeugung und Behandlung von Arthrosen und Bandscheibenschäden.

Da es uns mit dem **DKB-SYSTEM** möglich ist, mittels der **DKB-TESTS** festzustellen, ob am Bewegungsapparat bereits Störungen vorhanden sind bzw. solche sich ankündigen, teilen wir das Dehnen ein in:

a) **THERAPEUTISCHES DEHNEN ZUR**
Behandlung von Muskelverkürzungen
UND

b) **PROPHYLAKTISCHES DEHNEN ZUR**
Erhaltung normaler Muskelfunktionen

Bevor das therapeutische und prophylaktische Dehnen im Detail behandelt werden, noch einige Dehnungshinweise:

- *Die Dehnung soll a) zur Behandlung von Muskelverkürzungen mit entsprechenden Beschwerden an Sehnenansätzen und b) zur Behandlung und Verhinderung von Arthrosen, sowie zur Optimierung der Muskelfunktion für die Belastung im Alltag eingesetzt werden.*

- *Bei Sportausübung muß vor und nach jeder körperlichen Belastung gedehnt werden.*
- *Dehnung fördert die Muskeldurchblutung, verbessert die Gelenksmobilität, löst Verspannungen, verringert Verletzungsgefahr am Bewegungsapparat und steigert nicht zuletzt das allgemeine Wohlbefinden.*
- *Dehnen kann zu jedem Zeitpunkt erfolgen, allerdings nie nach Nahrungsaufnahme.*
- *Am besten dehnt man unbekleidet bei entsprechender Raumtemperatur auf einer Turnmatte oder ähnlicher Unterlage.*
- *Beim Dehnen muß die Atmung kontinuierlich weiterfließen (kein Atemanhalten - Zwerchfellatmung).*
- *Schmerz bzw. unangenehme Empfindungen dürfen während des Dehnens nicht verspürt werden.*
- *Nie leistungsorientiert dehnen*
- *Dehnen ist keine Wettkampfdisziplin (nur individuell möglich)*
- *Beim Dehnen nicht schwunghafte, wippende oder federnde Bewegungen in den Gelenken durchführen.*
- *Dehnen erfordert Geduld und vor allem Körperbewußtsein.*
- *Dehnen kann jederzeit allein, mit Partner oder Therapeuten, sowohl passiv als auch aktiv vorgenommen werden.*

BEIM PASSIVEN DEHNEN wird der Muskel bis zu seinem Endanschlag gedehnt und eine gewisse Zeit, ohne daß Schmerz entsteht, in dieser Stellung in Dehnung gehalten.

BEIM AKTIVEN DEHNEN (nach der PNF-Methode) erfolgt ein mehrmaliger Wechsel von Kontraktion - Entspannung und Dehnung; z. B.

1. Muskelgruppe wird allmählich bis zu ihrem Endanschlag gedehnt
2. Anspannung der Muskelgruppe gegen Widerstand (isometrisch) 6 - 10 Sek.
3. Entspannung bei gleichbleibender Gelenksstellung 2 - 4 Sek.
4. Sanftes Weiterdehnen ca. 10 Sek. im Endanschlag
5. Wieder isometrische Muskelspannung 6 - 10 Sek.
7. Sanftes Weiterdehnen ca. 10 Sek. im Endanschlag
8. Wieder isometrische Muskelspannung 6 - 10 Sek.
9. Entspannung 2 - 4 Sek.
10. Sanftes Dehnen ca. 10 Sek.

Insgesamt wird der Wechsel von Kontraktion - Entspannung - Dehnung 3 x hintereinander pro Muskel (Muskelgruppe) wiederholt.
Mit aktivem Dehnen erst beginnen, wenn durch passives Dehnen eine gewisse Beweglichkeit erreicht wurde.
Leistungssportler können isometrische Muskelspannung bis ca. 15 Sek. erhöhen.
Ob eine bestimmte Muskelgruppe **therapeutisch** oder **prophylaktisch** zu dehnen ist, das hängt von den Testergebnissen des DKB-Systems ab:

(A) THERAPEUTISCHES DEHNEN

dient zur Behandlung von durch DKB-Tests festgestellten Muskelverkürzungen.
1. Dehnungsphase: (Muskel wird langsam zum Endanschlag geführt und in dieser Extremstellung mind. 30 Sek. bis länger gedehnt).
2. Dehnungsphase: (Nach Nachlassen des Spannungsgefühls kann nochmals 30 Sek. bis länger gedehnt werden) - insgesamt 1 1/2 bis maximal 2 Minuten.
! Schmerzen oder unangenehme Empfindungen dürfen nicht auftreten !
! Wippen bzw. Nachfedern nicht empfehlenswert !
! Kein Atemanhalten !
Täglich jede Muskelgruppe mind. 3 x dehnen (nach jeder Dehnung für die betreffende Muskelgruppe ca. 30 Sek. Pause)
Kreislaufaufwärmung im üblichen Sinn durch Lauf (Laufspiele) erweist sich als ungünstig, da der erhitzte Organismus in den folgenden längeren Dehnungsprozessen einer starken Abkühlung ausgesetzt ist.

(B) PROPHYLAKTISCHES DEHNEN

Dient zur Erhaltung der normalen Muskelfunktion, Muskel wird langsam zum Endanschlag geführt und in dieser Extremstellung mind. 20 - 30 Sek. gedehnt.
! Schmerzen oder unangenehme Empfindungen dürfen nicht auftreten !
! Wippen bzw. Nachfedern nicht empfehlenswert !
! Kein Atemanhalten !
! Täglich alle Hauptmuskelgruppen mehrmals dehnen !
! Kreislaufaufwärmung ist nicht erforderlich !
Therapeutisches oder **prophylaktisches** Dehnen sollten nach dem Prinzip des sogenannten altgriechischen „gymnazein" (gymnos = nackt) - wörtlich übersetzt:

„Sich nackt bewegen" - nackt in einem gut temperierten Raum, individuell, ohne störenden Umweltlärm und ohne Hektik vorgenommen werden. Jedes, wenn auch nur minimal, einengende oder anliegende Kleidungsstück wirkt sich störend auf den gewünschten Dehnungserfolg aus.
Sowohl das **therapeutische** als auch das **prophylaktische** Dehnen sind eine individuelle Angelegenheit und müssen von jedem Freizeit- und Spitzensportler, unabhängig vom sonstigen Training, täglich zu Hause vorgenommen werden und dienen zur Optimierung der Muskelfunktionen für die Belastungen des Sportes und des Alltags.

Trainingsbelastungen im Spezialspartenbereich sollten erst nach erfolgter optimaler Muskeleinstellung (d. h. am Bewegungsapparat sollten keine Störungen in Form von Muskelverkürzungen bzw. Muskelschwächen vorhanden sein) vorgenommen werden.

Jeder Sportler ist für seinen eigenen Organismus (seine sogenannte eigene Wettkampfmaschine) verantwortlich und muß im Heimtraining die eventuellen Muskelfunktionsstörungen selbst, unter Anleitung seines Trainers oder Arztes beheben.

Es ist dies **keine Frage des Könnens**, sondern **nur eine Frage des Wollens**. Nur von einem optimal eingestellten Organismus (Bewegungsapparat) können optimale sportliche Leistungen erzielt und kann das allgemeine Wohlbefinden verbessert werden.

Im folgenden einige Bemerkungen aus der Praxis über die Zusammenhänge des **Dehnens mit der Aufwärmung als Vorbereitung für sportliche Tätigkeiten**.
Während weder für das **therapeutische** noch das **prophylaktische Dehnen**, das in den eigenen 4 Wänden vorgenommen wird, die **Aufwärmung** erforderlich ist, hat diese im Vorbereitungsprozeß für sportliche Tätigkeiten eine eminente Bedeutung. Erfahrungsgemäß könnte die Vorbereitungsarbeit für sportliche Leistungen dehnungs- und aufwärmungsmäßig folgendermaßen vorgenommen werden:

1. VORDEHNEN aller Hauptmuskelgruppen.

Muskel ganz langsam zum Endanschlag führen und 6 - 10 Sek. pro Muskelgruppe dehnen.

Kein Wippen!

Optimaler Schutz vor Muskel- und Sehnenverletzungen.

2. LANGSAMES BEWEGEN ALLER GROSSEN GELENKE

im maximalen Schwingungsradius

Wechselspiel zwischen Spannung und Entspannung

Keine ruckartigen Bewegungen!

Vermehrt die Produktion der Synovialflüssigkeit

Erhöhter Substrataustausch

Verbesserte Knorpelernährung.

3. AUFWÄRMEN DES KREISLAUFES

(Herz, Lunge) durch Lauf, sehr langsam beginnen - allmählich steigern (Laufspiele etc.)

4. SPARTENSPEZIFISCHES AUFWÄRMEN

mit oder ohne Wettkampfgerät

kurzzeitige wippende Bewegungen zum Endanschlag zur Tonuserhöhung

5. SPORTLICHE TÄTIGKEIT

spartenspezifisches Trainging, Wettkampf, etc.

6. NACHDEHNEN

Zur Regeneration aller Hauptmuskelgruppen

Zeitlich wie Vordehnen bis länger

Zusammenfassend kann gesagt werden, daß das Dehnen variantenreich, je nach Zielvorstellung und Bedürfnis, durchgeführt werden muß und sowohl im therapeutischen als auch im prophylaktischen Anwendungsbereich, sowie als Bestandteil des Vorbereitungsprogrammes auf unmittelbar folgende sportliche Tätigkeiten einen ganz bedeutenden Stellenwert einnimmt. Es bleibt nur zu hoffen, daß das Dehnen bald in allen Sportdisziplinen über gut geschulte Trainer Einzug hält und daß vor allem auch die sogenannten Hobbysportler zur Schonung ihres Bewegungsapparates gezielte Dehnungsübungen in ihr Trainingsprogramm einbauen.

Siehe „DKB-System" - Test und Training von Dr. Aigelsreiter und Dr. Lanz unter dem Motto: **DKB UND NICHT'S TUT WEH!**

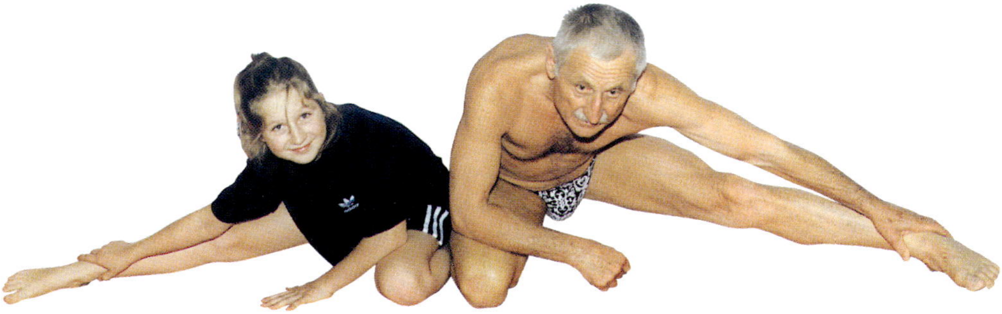

MIT ÜBUNGEN

PROBIEREN, PROBIEREN –

KOMMT LANGE VOR

DEM OPERIEREN

Das DKB-System im Reigen der Gesundheitssysteme

Unter Bezugnahme auf das Buch „DKB-System" von Dr. Aigelsreiter und Dr. Lanz

Mit angebotenen Systemen auf dem Gebiet der Gesundheit und des Wohlbefindens verhält es sich wie mit Edelsteinen. Es gibt echte, Halbedelsteine und unechte. Bei flüchtiger Betrachtung kann man die echten Steine, bzw. Systeme von den unechten kaum unterscheiden und man läuft Gefahr, Betrügern auf den Leim zu gehen.
Was die sogenannten Gesundheitstrainer betrifft, ist es ebenfalls wie mit Edelsteinen. Der Mensch mit seinen physischen und psychischen Problemen ist ein Suchender nach Systemen, mit denen er ohne Eigenaktivität sein Wohlbefinden erlangen könnte. Diesen Nährboden nützen selbsternannte Gurus für ihr Betätigungsfeld. Groß ist die Zahl der Heilpraktiker, Gesundheitsberater, Lebenslehrer, Mental- und Intuitionstrainer, Psychotherapeuten, Yogatrainer, Osteoporosetrainer, Wirbelsäulentrainer, Wohlbefindenslehrer, Feng Shui-Lehrer usw. ...
„Licht ins Dunkel" ist angezeigt.
Der Mensch ist ein in sich geschlossenes Ganzes und deshalb sind analytische Behandlungsmethoden wenig zielführend. „Mens sana in corpore sano" bringt zum Ausdruck, daß physische Dysbalancen das psychische Gleichgewicht stören oder umgekehrt. Immer aber ist es der einzelne selbst, der aktiv werden muß, ohne sich auf andere zu verlassen.

Denn: **„Erst wenn Du erkennst, daß nur Du allein für Dich verantwortlich bist, kannst Du mit Dir und an Dir etwas verändern!".**
Unter dem Motto: „DKB und nicht's tut weh" kann das System einen wertvollen Beitrag zur Selbsthilfe liefern.

DKB darf keinesfalls als einseitiges körperliches Fitnessprogramm verstanden werden; es erfaßt den Menschen in seiner Gesamtheit. Nicht die Analyse ist das Grundprinzip des Systems, sondern die Synthese.
Neben der Normalisierung der Muskelfunktion wird besonders Augenmerk auf die Koordination gelegt. Es wird ein Rezept zur gymnastischen Selbstbehandlung von

Schmerzen und Haltungsfehlern angeboten. Ein eigenes Kapitel ist den Selbstmobilisationsübungen gewidmet, mit Ratschlägen zur Verbesserung der Bewegungstechnik im Alltag.

Eines der Prinzipien des DKB-Systems sind die **natürlichen Bewegungsmuster**. „**Natürlich bewegen** heißt, daß die Extremitäten die Bewegungen des Rumpfes (= Wirbelsäule) verstärken."

Unnatürlich bewegen heißt demnach, daß die Extremitätenbewegungen den Rumpfbewegungen entgegengesetzt sind. Dadurch kommt es in den Teilen des Bewegungsapparates, wo diese gegenläufigen Bewegungen aufeinandertreffen, zu Störungen.
Im DKB Buch werden Tests angeboten, mit welchen frühzeitig, möglichst vor dem Auftreten bleibender Sportschäden, diese Störungen behoben werden können.

Die Hauptaufgabe der Skelettmuskulatur besteht in der Ausführung von Bewegungen; sie werden vom Gehirn gesteuert, aber nicht im Sinne der Aktivierung einzelner Muskeln, sonder fertiger Bewegungsmuster, deren Kombinationen die entsprechende Bewegung bzw. sportliche Leistung ergeben. Diese Bewegungsmuster werden reflektorisch gebahnt und ausgearbeitet, wodurch sie mit der Zeit schneller und weniger anstrengend werden. Durch das Training kommt es oft zum Einlernen falscher unnatürlicher Bewegungsmuster, was einerseits zu dauernder Überbelastung und damit zu Verkrampfung bzw. Verkürzung einiger Muskeln führt, oder andererseits zur Ausschaltung von Muskeln aus einem natürlichen Bewegungsmuster und damit zu deren Abschwächung.
Dauernde muskuläre Fehlsteuerungen und damit auch außerhalb des eigentlichen sportlichen Trainings unnötige einseitige Überbeanspruchungen des aktiven und passiven Bewegungsapparates (Muskulatur, Sehnen, Bänder, Knochen und Gelenke) sind die Folge. Es ist daher unbedingt notwendig, in der Technik jedes Leistungssportes möglichst die natürlichen Bewegungsmuster zu berücksichtigen und das Konditionstraining auf diese aufzubauen bzw. entsprechende Ausgleichsübungen mitzutrainieren.
Die wichtigsten Prinzipien, auf die man seine Aufmerksamkeit richten muß, sind folgende: Die Wirbelsäule bildet mit ihrer Muskulatur eine zentrale Funktionseinheit, ist die Achse des menschlichen Körpers, kann selbst Bewegungen ausführen, vermittelt zwischen Bewegungen der Extremitäten und ist mit ihren Stellreflexen

auch ein wichtiges Gleichgewichtsorgan, sodaß sie in die Bewegung jedes Körperteiles immer miteinbezogen wird. Jede Stellungsänderung irgendeines Abschnittes der Wirbelsäule führt über Reflexe unmittelbar zu Ausgleichsbewegungen und muskulären Spannungsveränderungen in allen anderen Abschnitten. Ein dafür berühmtes und oft beschriebenes Beispiel sind Kopfschmerzen bei einer Beinlängendifferenz. Durch ein kürzeres Bein steht das Becken schief, dadurch kommt es zu einer seitlichen Krümmung der Lendenwirbelsäule (Skoliose), welche durch ihre Geringfügigkeit unbemerkt bleiben kann, aber durch die Ausgleichsbewegungen und muskulären Spannungsveränderungen im Bereich der Halswirbelsäule bei manchen Leuten Kopfschmerzen auslöst.

Daher steht im DKB-Training die Wirbelsäule im Vordergrund. Alle Bewegungen werden ausgehend von der Wirbelsäule beschrieben.

Arme und Beine sind nur Verstärker oder Hemmer der Wirbelsäulenbewegung.

Die Wirbelsäule ist mit einem Stahlband - wie es oft Maßbänder sind - vergleichbar. Dieses läßt sich in eine Richtung biegen, doch wenn es sich gleichzeitig dabei verwindet, knickt es an einer Stelle. Damit das an der Wirbelsäule nicht passiert und damit nicht Überlastungen an bestimmten Wirbelsäulenabschnitten auftreten, laufen die natürlichen Rumpfbewegungen nach ganz bestimmten Gesetzmäßigkeiten ab, die man beachten und unter Umständen wieder neu erlernen muß.

Die Rumpfvorbeuge wird mit dem Kopf eingeleitet und läuft Wirbel für Wirbel von oben nach unten ab, wobei der größte Bewegungsausschlag in der Lendenwirbelsäule erfolgt (Lordose ➔ Kyphose).

Die Rumpfrückbeuge läuft umgekehrt Wirbel für Wirbel von unten nach oben, wobei aus Rundung der Lendenwirbelsäule (Kyphose) eine Höhlung (Lordose) der Lendenwirbelsäule entsteht.

Die Rumpfdrehung aus der Normalstellung läuft Wirbel für Wirbel von unten nach oben, wobei der größte Bewegungsausschlag in der Brustwirbelsäule erfolgt.

An diesen Beispielen wird erkennbar, daß das DKB-System den Menschen als eine in sich geschlossene Ordnung betrachtet und behandelt.
Mit dem DKB-System darf ich Ihnen meinen speziellen Leitsatz auf dem Wege zu Ihrem Wohlbefinden mitgeben:

„WAS DEIN SCHÖPFER

DIR GEGEBEN,

ERWIRB ES TÄGLICH,

UM ES ZU BESITZEN!"

ES ZÄHLT NICHT, WAS WAR,

SONDERN, WAS

HIC ET NUNC

IST.

DKB im Alltag

(Auszug aus dem Buch „DKB-System" von Dr. Aigelsreiter und Dr. Lanz

Wirbelsäulenbewegung – Extremitätenbewegung – Kopfbewegung – Atembewegung

Wirbelsäulen- u. Extremitätenbewegungen
Im Sport werden dieselben Fehler wie im täglichen Leben gemacht, ja sie werden sogar trainiert. So ist in der Sportliteratur kaum eine Stelle zu finden, wo in der Beschreibung einer Technik die Wirbelsäulenbewegung oder gar Ihre Koordination mit den Extremitäten gelehrt wird. Die Stellung und der Richtungswechsel der Arme und Beine sind dort immer genau beschrieben, obwohl die Achse, der Motor, die größte Masse, der Schwerpunkt im Rumpf liegen. Die Trainer, die nur Extremitätenbewegungen vorzeigen bzw. bei technischen Fehlern deren Stellungen korrigieren, sind wie Uhrmacher, die an den Zeigern reparieren, wenn das Uhrwerk kaputt ist.

Bei richtigen Bewegungen verstärken die Extremitäten die Wirbelsäulenbewegungen.

Dadurch wird jede Bewegung auf den gesamten Körper verteilt und es wird verhindert, daß bestimmte Abschnitte des Bewegungsapparates überlastet werden. Es ist daher notwendig, die Umgebung - wie Arbeitsplatz, Möbel, die Kleidung und die Gewohnheiten - darauf abzustimmen, damit wir nicht wie Hampelmänner nur Arme und Beine, sondern auch den Rumpf bzw. die Wirbelsäule in unsere Bewegungen miteinbeziehen können. Das sagt sich wesentlich leichter als es in Wirklichkeit möglich ist. Die im DKB-System beschriebenen Tests und Übungen sollen als Ausgleich immer wieder trainiert werden. Man soll sich in regelmäßigen Abständen kontrollieren, um Muskelfunktionsstörungen noch vor Auftreten von Beschwerden oder Haltungsfehlern zu beheben.

Unsere Kleidung, Umgebung und Gewohnheiten machen uns - zumindest motorisch gesehen - zu Hampelmännern, d. h. wir betätigen nur unsere Extremitäten (Arme und Beine), der Rumpf bzw. die Wirbelsäule bleibt unbewegt und arbeitet dadurch oft den Extremitätenbewegungen entgegen. Vieles in unserer Umgebung, nicht zuletzt unsere Vorstellung von Elegance, zielt darauf ab, Bewegungen der Wirbelsäule bewußt oder unbewußt zu verhindern. Diese ist aber die Achse des menschlichen Körpers, führt selbst Bewegungen aus und verteilt mechanische Belastungen des Bewegungsapparates durch Miteinbeziehung ihres Muskelspieles, auch bei scheinbar reinen Extremitätenbewegungen, auf den gesamten Körper. So achten Klavierlehrer bei Kindern immer darauf, daß die Füße durch einen Schemel unterstützt sind, damit die Wirbelsäule die Bewegungen der Hände durch ihr Muskelspiel ausbalancieren kann. Sie wird so auch ohne sichtbaren Bewegungsausschlag in die Bewegungen der Extremitäten miteinbezogen. Die richtige Koordination der Extremitäten- und Wirbelsäulenbewegung verhindert Überbelastungen einzelner Abschnitte des Bewegungsapparates (vorzeitige Arthrosen, Insertionstendopathien etc.) und die Entstehung der Haltungsfehler.

Die Behandlung der Haltungsfehler besteht in der Wiederherstellung des Muskelgleichgewichtes. Sogenannte Haltungsübungen vor dem Spiegel sind nur als Übungen zu sehen, die dem Kind das Gefühl für korrekte muskuläre Haltung geben können. Es ist dadurch keine Dehnung verkürzter Muskelgruppen zu erreichen. Auch eine Kräftigung abgeschwächter Muskelgruppen ist damit nicht zu erzielen, da, um einen Wachstumsreiz auf die Muskeln auszuüben, mindestens 30 - 40 % der Maximalkraft eingesetzt werden muß. Dies geschieht nur durch dynamische und isometrische gezielte Übungen, aber niemals durch bewusstes Ausgleichen von Fehlhaltungen. Das Muskelgleichgewicht muß daher folgendermaßen wieder hergestellt werden:

A) **Dehnung** verkürzter Muskelgruppen
B) **Kräftigung** abgeschwächter Muskelgruppen
C) **Bewegung** in natürlichen Bewegungsmustern zur Erlernung richtiger Koordination der Wirbelsäulen- und Extremitätenbewegungen.
Siehe DKB-Bewegungsprogramm zur Haltungsverbesserung Seite 4.

Durch gezielte Dehnung verkürzter und Kräftigung abgeschwächter Muskelgruppen wird das Muskelgleichgewicht wiederhergestellt. Durch richtiges Bewegen soll das Entstehen der Haltungsfehler oder Überlastungssyndrome von vorne herein verhindert werden. Die vielfach zitierte Bewegungsarmut kann nicht als Ursache für Haltungsverfall betrachtet werden, sondern höchstens als Risikofaktor, da Haltungsfehler auch bei Hochleistungssportlern vorkommen.

Schon beim Kleinkind werden entscheidende Fehler gemacht. Wenn es gerade laufen lernt und noch unsicher durch die Gegend tapst, nehmen es Erwachsene, um ihm zu helfen, an die Hand. Das verhindert, daß das Kleinkind erlernt, die Bewegungen der Beine über die Wirbelsäule auch auf die Arme zu übertragen. Man sollte Kleinkinder nicht an den Händen hochziehen, sondern sie frei bewegen lassen. Dasselbe gilt auch für Schulkinder. Das Tragen der Schultasche auf dem Rücken ist zwar, statisch gesehen, für die Wirbelsäule die günstigste Belastung, doch stellt sie diese ruhig, sodaß die Rumpfverdrehungen, wie sie vor allem beim Laufen durch die gegenläufigen Bewegungen der Arme und Beine nötig sind, unterdrückt werden. Auch Rumpfbeugen, z. B. zum Aufheben eines Steines oder Zubinden der Schuhe, können nicht ausgeführt werden, da die am Rücken befindliche Schultasche dem Kind auf den Hinterkopf fallen würde. So wird die Rumpfbeuge durch eine Hüft- und Kniebeuge ersetzt und die Wirbelsäule, sogar entgegen der Beugebewegung der Beine, gestreckt. Ganz ähnlich verhält es sich mit Erwachsenen, die durch Rock und Krawatte, durch Dekolleté und Halskette die Wirbelsäule aus ihrem Bewegungsbild streichen müssen. Das Argument, ich bewege mich ohnehin den ganzen Tag, gilt daher nicht als Ersatz für gezielte Dehnungs- und Kräftigungs- und Bewegungsübungen.

Im Sitzen sind gezielte Bewegungen der Arme mit Einbeziehung des Rumpfes nur möglich, wenn die Füße auf dem Boden festen Halt finden. Ist das nicht der Fall, wird durch die Extremitätenbewegung auf die große Masse des Rumpfes ein Rotationsimpuls um eine quer oder senkrechte Achse, je nach Richtung der Bewegung, ausgeübt. Es ist daher so nicht möglich, gezielt zu einem auf einem Tisch etwas entfernter stehenden Glas zu greifen. Man kann das ganz leicht selbst ausprobieren, indem man, auf einem Sessel sitzend, die Beine anhebt, sodaß die Füße den Boden nicht berühren. Wenn man nun nach irgendeinem Gegenstand greift, gelingt es nur, wenn man den Oberkörper ganz starr hält und die Bewegung als reine Extremitätenbewegung ausführt.

Wenn Kinder auf zu hohen Sesseln sitzen und mit ihren Füßen keinen Halt finden, müssen sie mit starrem Oberkörper lernen, nur die Arme zu bewegen. Machen sie das nicht, müssen sie die Armbewegungen durch gegenläufige Bewegungen der Beine ausgleichen. Diese Zappelei - wie ein Fisch am Trockenen - verhindert jede gezielte Bewegung und trägt ihnen Rügen der Eltern ein, welche im Wiederholungsfall das berühmte Schicksal des Zappelphilipp androhen.

Notgedrungen lernen sie ohne Rumpfbewegung auszukommen und führen wie Roboter manierlich reine Extremitätenbewegungen aus, denn das natürliche Miteinbeziehen des Rumpfes bzw. der Wirbelsäule in ihre Bewegungsmuster würde sie aus ihrem labilen Gleichgewicht werfen. Genauso verhält es sich mit Erwachsenen, die in einer weichen Wohnlandschaft versinken. Der Rumpf kommt in einer Mulde zu liegen, die sich seinen Konturen anpaßt und wie ein Mieder schient. Die Füße finden durch die halbliegende Position keinen Halt. Ein seitlich auf dem Abstelltisch stehender Gegenstand kann nur durch eine Armbewegung erreicht werden. Das Miteinbeziehen des Rumpfes wird durch die weiche Polsterung erschwert. In letzter Zeit erscheinen uns Bauernmöbel wieder gemütlich. Man kann die Füße entweder auf den Boden oder die Fußleiste (Vergeltsgott) stellen und muß sich nicht mühsam mit Hohlkreuz aus dem Sitz emporwinden. Man stellt beim Aufstehen einen Fuß unter die Sitzfläche, den Schwerpunkt, und erhebt sich ohne ungesunde Hyperlordosierung.

Bezüglich der so vornehmen Sitzweise der Damen mit geschlossenen Beinen ist zu sagen, daß auch hier Rumpfbewegungen unterdrückt werden müssen, da man sonst leicht das Gleichgewicht verliert. So bedeutet die Hosenmode und das Tragen langer weiter Röcke einen begrüßenswerten Fortschritt.

Wir sind nicht zum Sitzen geboren.
Wir verbringen jedoch gezwungenermaßen einen Großteil des Tages in **Sitzposition** (Sitzen beim Frühstück, Sitzen im Auto, Sitzen am Arbeitsplatz/Schule, Sitzen beim Mittagessen, Abendessen, Sitzen bei kulturellen und sportlichen Veranstaltungen, Sitzen bei Partys, Sitzen bei Vorträgen, in Schulen und Versammlungen, Sitzen im Kino, Sitzen beim Fernsehen, **Sitzen, Sitzen, Sitzen...**)
In unserer derzeitigen Informationswelt (Computer, Radio, Fernsehen...) werden die **„Sitzenden"** immer zahlreicher, die **Sitzstunden** summieren sich und die Degeneration zur **Sitzgesellschaft** schreitet mit raschem Tempo unaufhaltsam voran.

Sitzen wird zur Menschheitsgeißel.

Sitzen belastet nicht nur den Organismus, sondern unser gesamtes Gesundheitssystem. Die durch das **Sitzen** hervorgerufenen Becken- und Wirbelsäulenschäden bewegen sich **schleudersitzartig** rasant nach oben und machen die Menschen im

wahrsten Sinn des Wortes zu irreparablen **„Sitzkrüppeln"** mit allen nur erdenklichen Wirbelsäulendeformitäten.
Der einzige Ausweg aus diesem Schlamassel ist:
„Weniger ist mehr" - (**weniger Sitzen bringt mehr Gesundheit**). Alternativüberlegungen müssen in Richtung „physiologische Sitzgeräte" gehen, wobei zu beachten ist, daß jeder Mensch auf seine ganz persönliche Weise sitzt. Sogenanntes **„genormtes Sitzen"** gibt es nicht, wenn uns das einige „Sitzexperten" auch glaubhaft machen wollen. Abhilfe zu diesem Problem können, wenn überhaupt Sitzgeräte bringen, die sogenanntes **dynamisches oder bewegtes Sitzen** ermöglichen, damit durch ausgewogene Be- und Entlastung der Wirbelsäulenstrukturen die erforderlichen Stoffwechselprozesse ermöglicht werden können.
Sitzgeräte, die genormte Sitzpositionen und statische Gelenkswinkel vorgeben, sind zu meiden. Sitzgeräten mit variantenreichen Sitzpositionen unter dem Motto: „Sitze Dich dynamisch gesund" ist der absolute Vorzug zu geben.

Was das Sitzen in der Schule für Schreibarbeiten betrifft, soll, wo nur irgend möglich, ein Schrägpult benützt werden, da dabei die Drehung des Armes zur Rumpfstellung am idealsten ist und so die geringste Gefahr besteht, den sogenannten Anteflexionskopfschmerz durch die starke Beugung der Halswirbelsäule zu bekommen. Bei manuellen Tätigkeiten soll man immer darauf achten, die Schulterblätter nach hinten unten zu fixieren und nicht hochzuziehen, da sonst das Gewicht der Arme mittels der oberen Fixatoren des Schultergürtels an der Halswirbelsäule hängt.

Diese ist solchen Überlastungen auf längere Zeit nicht gewachsen. Entsprechende Beschwerden im Bereich der Halswirbelsäule beziehungsweise der Nackenmuskulatur sind die Folge. Ausgehend von den angeführten Prinzipien könnte man die Bewegungstechnik im Alltag in vielen Bereichen noch verbessern, doch das Ziel, sich nur noch in natürlichen Bewegungen zu bewegen, ist durch unsere Umwelt verhindert.

Kopfbewegungen

Der Kopf als Träger der Sinnesorgane kann zwar bewußt bewegt werden, doch obliegt seine Steuerung im Alltag wie im Sport zum allergrößten Teil den Reflexen. Es gibt direkte Verbindungen zwischen den Augenmuskeln, den Hörnerven, Riechnerven, sensiblen Gesichtsnerven und dem Gleichgewichtsorgan mit der Halswirbelsäule.

Die Kopfbewegungen werden also primär reflektorisch gesteuert und die biomechanische Bedeutung des Kopfes wird nur in wenigen Sportarten berücksichtigt. Kinder lernen das bewußte Kontrollieren der Kopfbewegungen entgegen der unbewußten reflektorischen Steuerung beim Purzelbaum (Rolle vorwärts), Handstand etc.. Balletttänzer, Turner, Turmspringer, Trampolinspringer etc. müssen ebenfalls ganz gezielt und bewußt lernen, den Kopf zu steuern und zu kontrolliren. Normalerweise wird jedoch, wie eingangs erwähnt, der Kopf nur über Reflexe gesteuert, wodurch es auch so schwierig ist, ihn in ein System natürlicher Bewegung miteinzubeziehen. Die Ganzkörperbewegungen werden größtenteils durch den Kopf nur eingeleitet - dann aber übernehmen die Kopfkontrolle reflektorische Steuermechanismen.

Atembewegungen

Die Atembewegungen werden in erster Linie reflektorisch gesteuert und können auch willentlich beeinflusst werden. Bei harmonischen Bewegungen verläuft die Atmung von selbst richtig, was umgekehrt bedeutet, daß mühelose Atmung auch ein Kennzeichen guter Bewegungstechnik ist. Sie paßt sich zwanglos Abwandlungen und Rhythmuswechseln der Bewegungsabläufe an und soll dabei nicht bewusst behindert werden.

Eine Ausnahme bilden die Dehnungsübungen, bei denen bewusstes Ausatmen die gleichzeitige Dehnung der Muskulatur fördert, so dass Entspannung und Ausatmung einander bedingen. Wir empfehlen bei Dehnungsübungen, nicht zu wippen, sondern den Entspannungseffekt abzuwarten, der nicht durch verbissenes Pressen behindert werden soll.
Nach unserer Erfahrung atmet man unabhängig von Körperposition und Atemanweisungen.

Pressatmung erscheint ungünstig, jedoch könnten weitere Untersuchungen ergeben, daß diese bei gezieltem Aufbau eine Form des Herz-Kreislauftrainings darstellt. Es gibt bereits Hinweise darauf, dass die Widerstandserhöhung im Herz-Kreislaufsystem beim Pressen an dieses erhöhte Anforderungen richtet und somit einen Trainingsreiz darstellt.

Die Atmung ist mit der Bewegung durch mannigfache Wechselbeziehungen verbunden. Der Mensch kann durch Atmen seinen Organismus in Verwirrung bringen oder ihn harmonisieren.

Entscheidend ist nicht nur die Quantität, die messbare Pumpleistung, sondern die Art der Atmung, die sogenannte Qualität der Atembewegung. Sinn der Atembewegung ist der Gaswechsel und nicht das Vollpumpen des Brustkorbs.

Während die Einatmung aktiv durch die bewegende Muskulatur mit passiver Dehnung der Lunge erfolgt (Unterdruckausgleich), zieht sich bei der Ausatmung die Lunge zusammen und die bewegenden Muskeln geben nach.

Sowohl bei der Ausatmung wie bei der Einatmung ist die gesamte Atemmuskulatur beteiligt, im einen Fall bewegend, im anderen gegenhaltend, - nur in der Pause nach der Ausatmung tritt völlige Lösung ein. Das Zwerchfell ist beim Atmen lebensnotwendig, schon wegen seiner Kuppelung mit dem Sichöffnen der Stimmritze.

Sobald es gelingt, die Zwerchfelltätigkeit bei verkehrt atmenden Menschen zu verbessern, lösen sich Verspannungen und der gesamte Atemvorgang wird harmonischer.

Bei Atemschulung sollte Wert auf Gesamtatmung gelegt werden, wobei diese nicht durch getrenntes Üben von Bauch-, Flanken- und Brustatmung geschult werden kann.

Der Atemrhythmus ist dreiteilig: Einatmen - Ausatmen - Pause. Bei langer Ausatmung ist man in Atem. Umgekehrt ist man mit kurzer Aus- und langer Einatmung außer Atem (Asthmatiker).

Je länger die Ausatmung, umso stärker der Einatmungsimpuls, umso mehr Luft strömt ein.

Der Atemrhythmus hat individuelles Gepräge und unterliegt fortwährendem Wechsel.

Bei natürlichen Atembewegungen wirken alle Atemmuskeln abgestimmt zusammen. Bei willentlicher Innervation der Atembewegung ist diese Bewegungseinheit gestört und aufgrund der engen Wechselbeziehung zwischen Atem-, und Blutbewegung können Kreislaufstörungen verschiedenster Art entstehen.

Fehlatmungen, wie Stauatmung oder Pressatmung können zu krampfartigen Spannungszuständen führen. Es entsteht ein Gefühl von Atemnot, das durch krampfhafte Einatmungsbewegungen nur noch verschlimmert wird (Bronchialasthma).

Bei Asthma sind nach Parow neben den bekannten Ursachen wie Allergien und seelische Vorgänge immer auch die Fehlform der Atmung mitverantwortlich. Nicht zuletzt können unharmonische Körperformen der modernen „Sitzgesellschaft" Folgen und Ausdruck gestörter Atmung sein.

Durch geführte Bewegung kann auf die Form der Atmung eingewirkt werden.

Sogenannte gymnastische Atembewegungen am Boden sind sehr wirkungsvoll, weil in der für den Erwachsenen ganz ungewohnten Bewegung am Boden die festgefahrenen Atemgewohnheiten unbrauchbar werden und eine neue, unmittelbare Art des Reagierens einsetzt. Sehr erfolgsversprechend sind Übungen im Sitzen, Liegen, Hocken, Knien usw., weil sich in der jeweiligen Körperposition das Atmen in der entsprechenden Naturform durcharbeiten kann.

Durch Bewegung am Boden werden Verspannungen gelöst und freies Atmen angeregt. Die von Lanz/Aigelsreiter im DKB-System angeführten Bewegungsleitsätze, dass die Extremitäten Verstärker der Wirbelsäulenbewegung sind, und dass bei Rumpfbeugen der Rumpf zum stärker beugenden Bein beugt und dreht, tragen in der Praxis bei bodennahen gymnastischen Übungen zu natürlicher Atemschulung bei.

Beim DKB-Bewegungsprogramm richtet sich die Bewegung nach der Atmung und nicht umgekehrt, denn die Atmung muss ihrer vegetativen Steuerung überlassen bleiben; d. h. das Bewegungstempo darf vorerst nicht festgelegt werden.

Allmählich passt sich zwanglos die Atmung auch Abwandlungen der Bewegung an. Bei richtiger Bewegung ist die Atmung von selber richtig - vorausgesetzt der Mensch ist innerlich nicht gehetzt und ohne Stress.

Daß es auch möglich ist, gewisse Atemstörungen durch Atemgymnastik zu verbessern, konnte ich selbst bei meinen täglichen DKB-Übungen feststellen:

Ursprünglich versuchte ich, meine muskulären Dysbalancen (Verursacher meiner Gelenk- und Bandscheibenstörungen) durch Dehnungs- und Kräftigungsübungen zu beheben. Es gelang mir, schmerzfrei und wieder beweglich zu werden.

Als ich begann, meine täglichen 1 - 1 1/2stündigen DKB-Übungen dem natürlichen Atemrhythmus anzupassen, war nicht nur der Übungserfolg größer, sondern zusätzlich verbesserten sich auch meine unangenehmen spastischen Asthmazustände.

Die Feststellung von „Parow", dass Asthma durch Atemschulung zum Teil geheilt bzw. gemildert wird, kann ich aus eigener Erfahrung vollinhaltlich bestätigen.
Zu Atembewegungen kann festgehalten werden, dass es durch gymnastische Atemübungen möglich ist, mit sogenannter „Selbsthilfe" sowohl den Bewegungsapparat als auch die Atemorgane positiv zu beeinflussen und zu verändern.

Zusammenfassend kann zum **„Bewegen im Alltag"** darauf hingewiesen werden, dass der Mensch **keinen Halte- bzw. Sitzapparat**, sondern einen **Bewegungsapparat** besitzt, sodass Fehlhaltungen Ausdruck gestörter Bewegungsmuster und damit fehlerhafter Muskelfunktionen sind.

Für das **Bewegen sowohl im Sport als auch im Alltag** sind gezielte Dehnungs-, Kräftigungs- und Bewegungsübungen unerlässlich. Das Ziel ist es die Leistungsfähigkeit zu heben und gleichzeitig einen Beitrag zur Gesundheit des Bewegungsapparates zu leisten. Nur so kann gezieltes DKB-Training die Antwort auf der Suche nach Schutz und Behandlung von Zivilisationsschäden unseres Bewegungsapparates sein.

MACH JEDE HANDLUNG

SO EXAKT, DASS DU

SIE NICHT WIEDERHOLEN MUSST –

DU ERSPARST DIR

ZEIT UND ÄRGER!

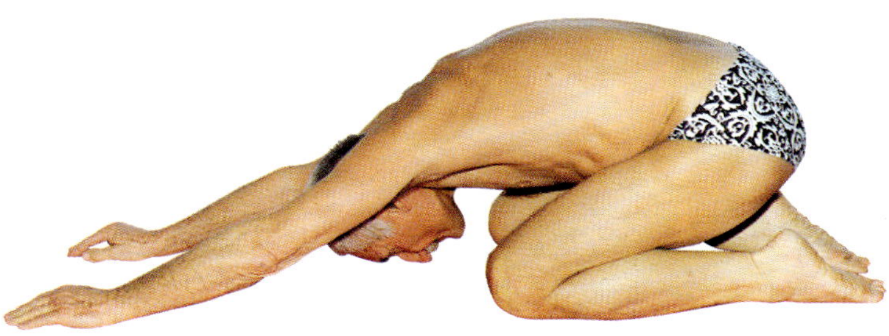

Das Kreuz mit dem Kreuz beginnt oft bei den Füßen

Fußprobleme und Selbsthilfe

Zwischen Fußschäden und Wirbelsäulenstörungen bestehen enge Wechselbeziehungen. Die Voraussetzung für eine gute aufrechte Körperhaltung ist nicht zuletzt die richtige Fußhaltung ohne Funktionsstörung.

Bei Beschwerden im Bereich des Nackens, der Wirbelsäule, der Hüfte und der Knie ist es angezeigt, vorerst immer die Fußhaltung zu kontrollieren und über gezielte Fußgymnastik (Fußparcours) die richtige Körperhaltung wieder aufzubauen.

Ursachen von Fußschwächen:

- Vererbung
- angeborene Muskel- und Bindegewebsschwäche
- unzweckmäßige Schuhe (zu klein, zu spitz, zu hohe Stöckel)
- Bewegungsmangel

Folgen der Fußschwächen

Senkfuß

- abgeflachtes Längsgewölbe - Schwäche der kurzen und langen Zehenbeuger

Knicksenkfuß

- Innenknick der Achillessehne
- abgeflachtes Längsgewölbe - Schwäche des Wadenmuskels und der langen Zehenbeuger

Spreizfuß

- abgeflachtes Quergewölbe
- verbreiterter Vorfuß
- Schwielen unter den Zehenballen

Selbsthilfe bei Fußschwächen

Kein Organ besitzt so viel Regenerationskraft wie unser Muskelapparat. Durch regelmäßiges gezieltes Dehnen, Kräftigen und Bewegen (DKB-System) lässt sich der gesamte Bewegungsapparat bis ins höchste Alter in bestem statischen Zustand erhalten. Abgeschwächte Muskel werden durch dementsprechende Bewegungsreize wieder derart aktiviert, dass statische Probleme sehr positiv beeinflusst werden können. Außerdem wird durch gezielte Fußgymnastik die Muskeltätigkeit angeregt und der Rückstrom des venösen Blutes wie durch ein Pumpsystem gefördert. Ein gut funktionierender Kreislauf in den Füßen und Beinen durch gut funktionierende Venen und Venenklappen ist die Voraussetzung für einen gut funktionierenden Gesamtkörperkreislauf und Stoffwechsel. Da auch nicht zuletzt das Altern des Menschen bei den Füßen beginnt, ist ein tägliches Fußtraining als Wirbelsäulenprophylaxe unbedingt angezeigt. Mögen Ihnen die folgenden DKB-Übungen bei der Erstellung Ihres individuellen Fußtrainingsprogrammes als Anregung dienen.

1. Sitz auf Sessel; rechten bzw. linken Fuß mehrmals abwechselnd auf Ferse bzw. Zehenspitzen stellen (Tempo steigern)

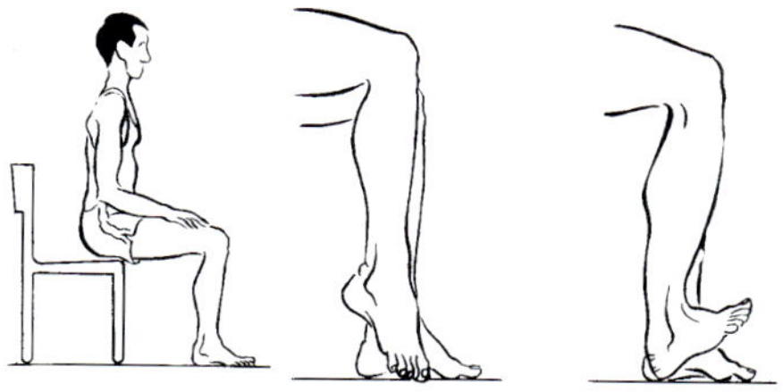

2. Sitz auf Sessel; beide Füße gleichzeitig im Wechsel mehrmals auf Fersen bzw. Zehenspitzen stellen (Tempo steigern)

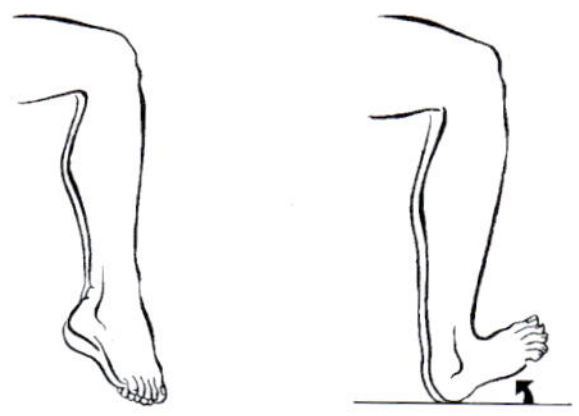

3. Sitz auf Sessel; aus der Ausgangsstellung beide Fersen vom Boden abheben und mehrmals kräftig nach außen kreisen

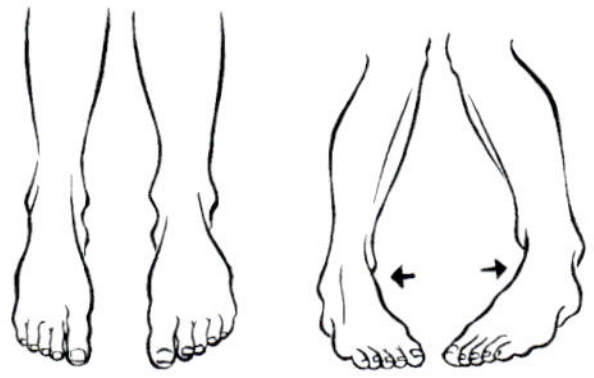

4. Sitz auf Sessel; Vorwärtsgreifen mit den Zehen und Ferse nachziehen - zurück zur Ausgangsstellung und mehrmals wiederholen

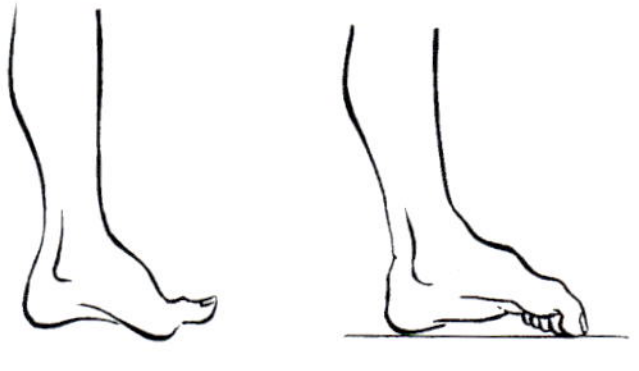

5. Sitz auf Sessel; mit linkem bzw. rechtem Fuß unter kräftigem Druck mehrmals über den Rist bis zu den Zehen streichen

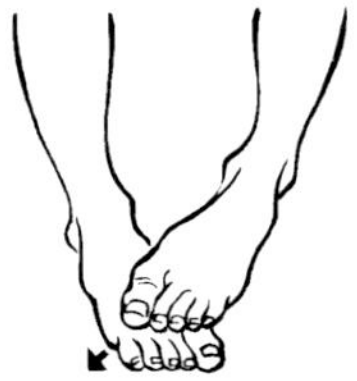

6. Sitz auf dem Boden mit gegrätschten Beinen und geschlossenen Fußsohlen; abwechselnd mehrmals Zehen öffnen und schließen (auch in raschem Wechsel)

7. Sitz auf Boden wie Nr. 6; abwechselnd mehrmals Fersen bzw. Zehenspitzen schließen (auch in raschem Wechsel)

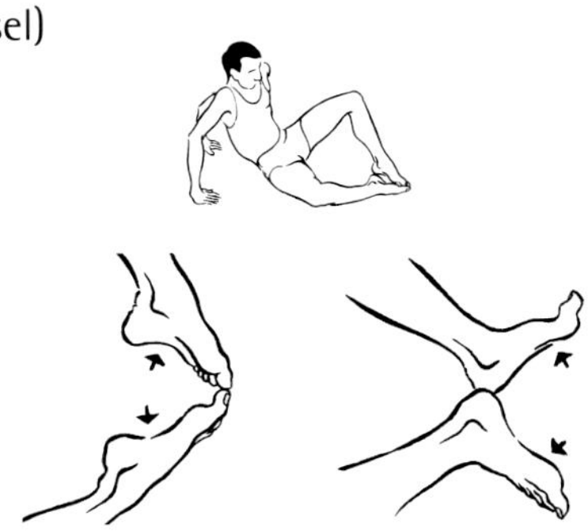

8. Aufrechter Stand in leichter Vorlage mit Abstützung an einer Wand; rascher Wechsel zwischen Sohlen- und Zehenstand

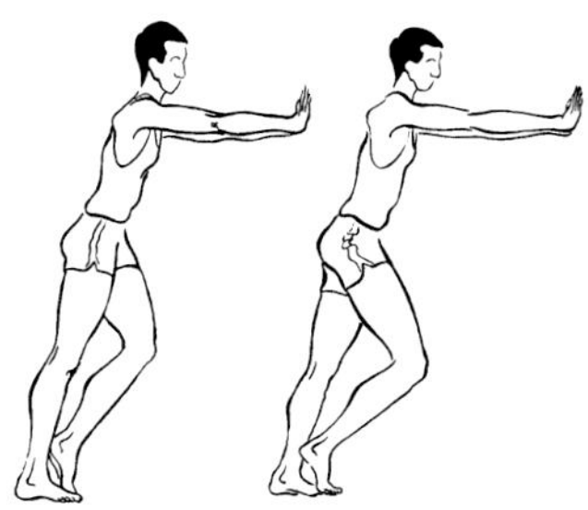

9. Aufrechter Stand mit Vorderfuß auf Treppe; mehrmaliger Wechsel zwischen Zehenstand und abgesenkter Ferse (auch in raschem Wechsel)

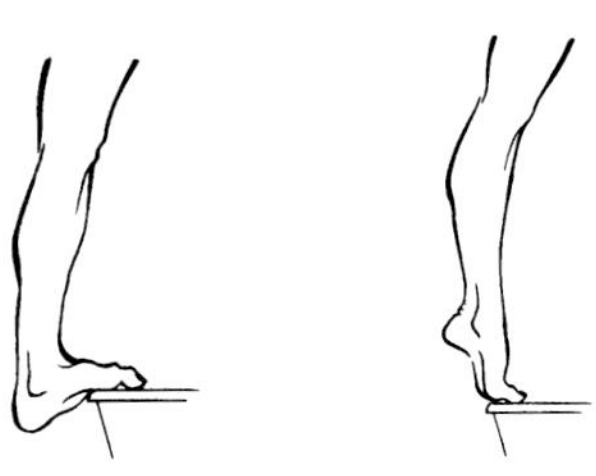

10. Aufrechter Stand mit gekreuzten Beinen; mehrmals federnd Fersen vom Boden abheben und senken (auch in raschem Wechsel)

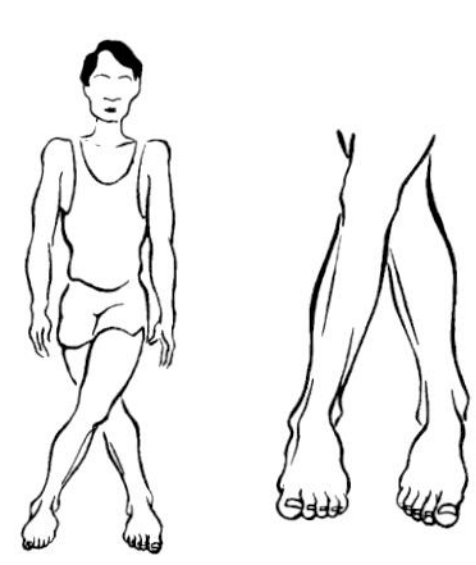

11. Aufrechter Stand auf voller Sohle; Wechsel zwischen Außenkantenstand und vollem Sohlenstand (auch in raschem Wechsel)

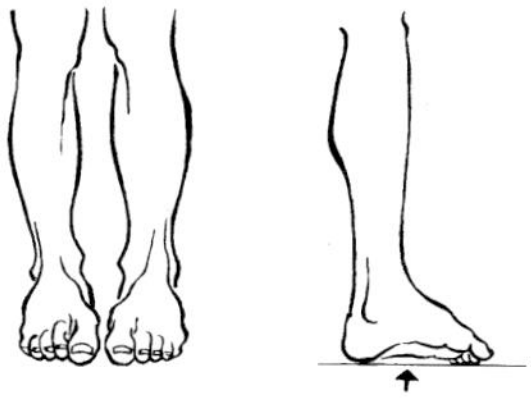

12. Aufrechter Gang; langsames Vorwärtsgehen durch Zehengreifbewegungen (Zehen und Fersen behalten Bodenkontakt), dasselbe auch auf Außenkanten (Außenkantengang)

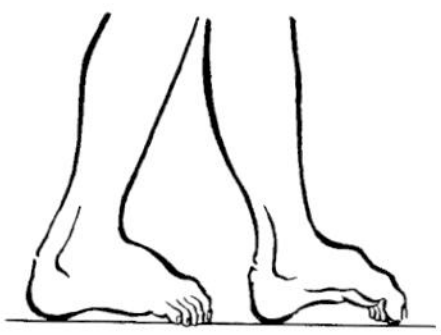

13. Turnstabübung; Stab wird unter der Fußsohle mehrmals von der Ferse bis zu den Zehenspitzen unter kräftigem Druck vor- und zurückgerollt

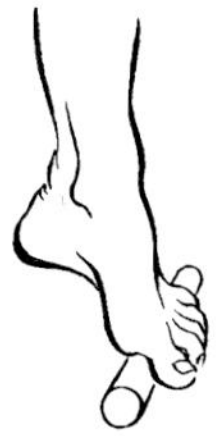

14. Aufrechter Stand auf Stab; ganz langsame Rollbewegungen vor und zurück

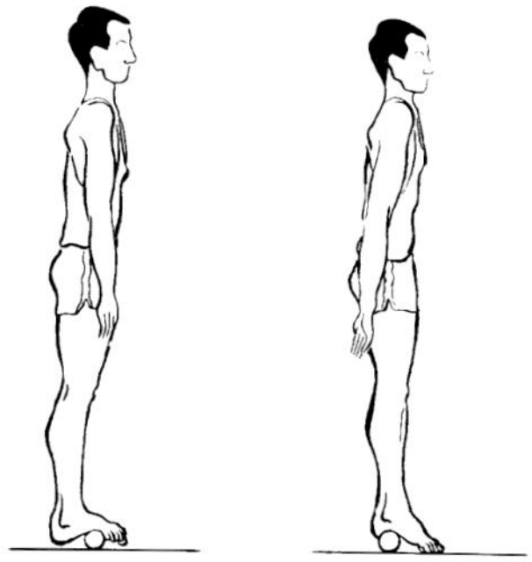

15. Aufrechter Stand auf Stab; mit kleinen Seitstellschritten mehrmals auf dem Turnstab hin- und hergehen

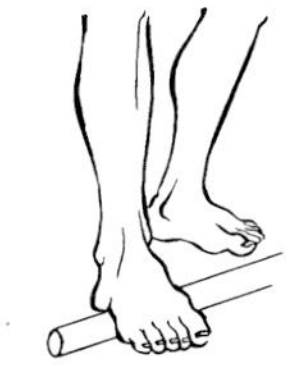

16. Aufrechter Stand auf Stab in Längsrichtung; mit kleinen Schritten und Zehengreifbewegungen mehrmals vor- und zurückgehen

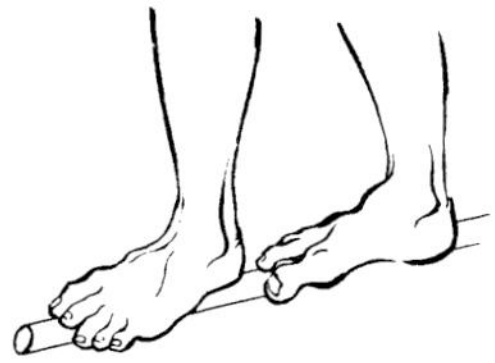

17. Tennisballübung; Tennisball unter kräftigem Druck mehrmals von der Ferse bis zu den Zehn vor- und zurückrollen (dasselbe auch auf der Fußaußen- und Fußinnenkante)

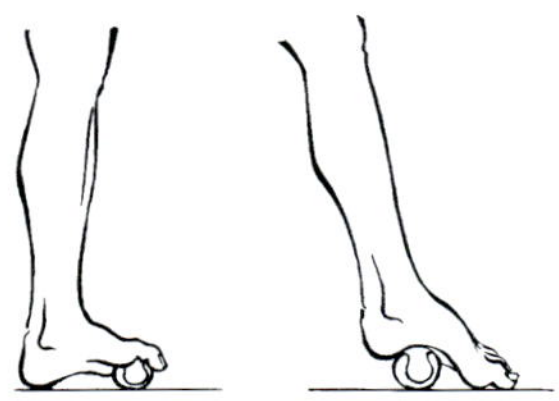

18. Tennisball unter kräftigem Druck zwischen beiden Füßen einklemmen; in kleinen Schritten vor- und rückwärts gehen (dasselbe auch auf den Außenkanten)

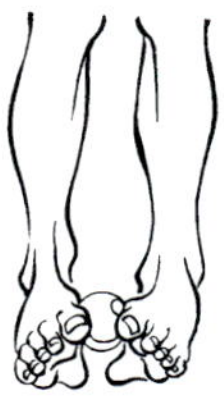

19. Tuchübungen; mit allen Zehen zugleich durch kräftige Greifbewegungen ein Tuch unter der Fußsohle zusammenraffen (Fersen bleiben immer am Boden)

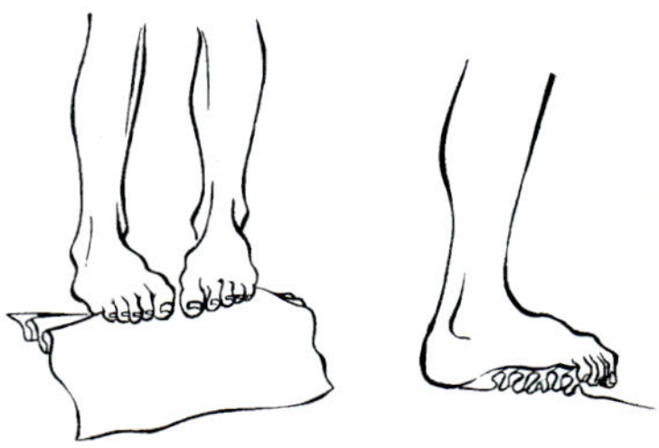

20. Kräftige Greifübungen mit Zehen; verschiedene Gegenstände wie Tücher, Stäbe, Bälle usw. mit den Zehen ergreifen und hochheben

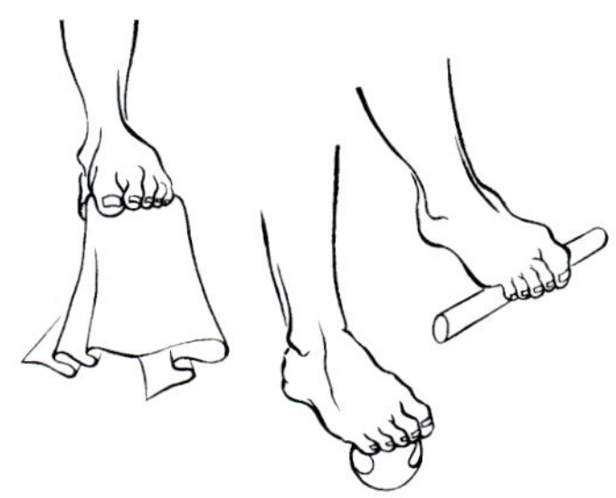

Zeichnungen und graphische Gestaltung:
Prof. Werner Lelleck Zanetti
ambiente-design
atelier für interieur+graghic-design
a-8010 graz, brucknerstraße 6/12

MACH JEDE HANDLUNG

SO GEWISSENHAFT,

DASS DU WEDER DIR NOCH ANDEREN

SCHADEN ZUFÜGST –

DU ERSPARST DIR

KUMMER, LEID UND SORGEN

Wohlbefinden

Der Schlüssel für Gesundheit und Erfolg

Beruf, Sport und Freizeit werden zusehends von der Hektik und den z. T. unnatürlichen Lebensbedingungen unserer Zeit beeinflusst. Das individuelle Wohlbefinden leidet darunter sehr.
Nur wer sich rundum wohlfühlt, kann im Beruf und Sport leistungsstark sein.

Säulen des Wohlbefindens nach Aigelsreiter

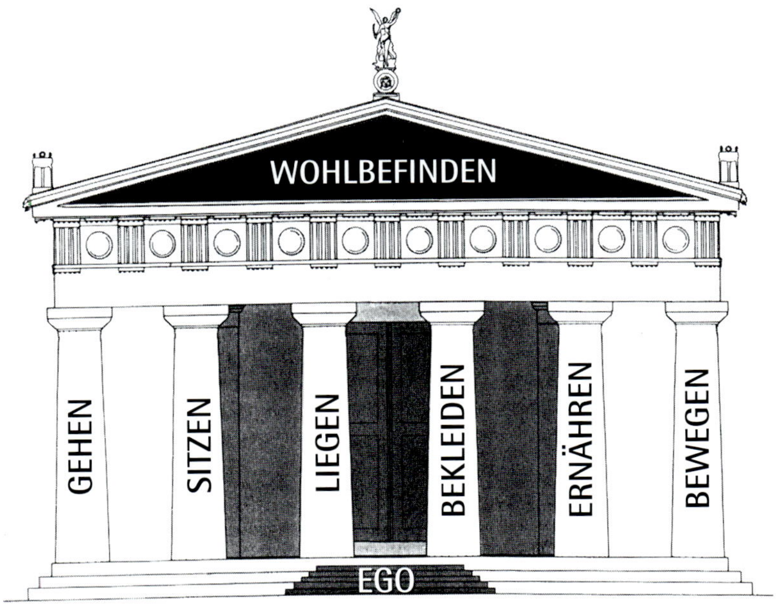

Die einzelnen Säulen sind vom EGO jederzeit beliebig beeinflussbar und können bei vernünftiger praktischer Umsetzung einen entscheidenden Beitrag für das Wohlbefinden liefern.
Es gilt das Motto:

**„Zeige mir,
wie du übst, wie du dich ernährst, wie du dich bekleidest, wie du liegst,
worauf du sitzt und womit du gehst, dann sage ich dir,
wie es dir geht."**

„Jeder ist seines Wohlbefindens Schmied"

Ankündigung:

Dr. Helmut Aigelsreiter hält für Vereine, Verbände, Firmen, Organisationen, Kammern, Sparkassen und Privatgruppen nach vorheriger Kontaktnahme

DKB-Vorträge sowie
DKB-Halbtags-, Tages- und Wochenseminare
in Theorie und Praxis zu den Themen:

a) Früherkennen und Vermeiden von Störungen am Bewegungsapparat

b) Wohlbefinden durch richtiges Gehen, Sitzen, Liegen, Bekleiden, Ernähren und Bewegen

c) Gymnastische Atemschulung

d) Mentales Training über Körperschulung

e) Körper, Geist und Seele im Einklang

f) Gesunde Wirbelsäule, gesunde Gelenke – Rezept für Selbstbehandlung

g) JUNG BLEIBEN BEIM ÄLTER WERDEN

Anmeldungen für DKB-Seminare sowie Bezugsquelle der Bücher
(„DKB-SYSTEM" UND „JUNG BLEIBEN BEIM ÄLTER WERDEN"):

DKB Institut
Hofrat
Mag. Dr. Helmut Aigelsreiter
Präsident des VTÖ und VSÖ
Untere Teichstraße 88
A-8010 Graz
Tel. u. Fax (0316) 46 61 41

Hofrat Mag. Dr. Helmut Aigelsreiter, geboren am 3. 1. 1930 in Mürzzuschlag, Bewegungslehre- und Wirbelsäulenspezialist, Direktor der Bundesanstalt für Leibeserziehung Graz i. R., Präsident des Verbandes der Tennisinstruktoren Österreichs (VTÖ) und Präsident des Verbandes der Snowboardschulen und Snowboardinstruktoren Österreichs (VSÖ), hat sich durch zahlreiche Veröffentlichungen, Skilehrfilme, Entwicklung von Konditions- und Turngeräten, Bewegungsseminare und Referate bei internationalen Kongressen im Skisport profiliert.

Staatlich geprüfter Schilehrer, Schilehrwart, Leiter der zentralen Schiausbildung an Pädagogischen Akademien Österreichs, Trainer für Badminton, Schijugendtrainer, Koordinator der „D-Trainer-Ausbildung" - Schi alpin, Mitglied des österreichischen Kuratoriums für alpine Sicherheit, Mitglied des Interski Austria, Mitglied des österreichischen Arbeitskreises Schilauf an Schulen, korrespondierendes Mitglied des KTM des deutschen Schilehrplanes.

Veröffentlichungen:
„Vom Schulschilauf zum Rennschilauf" (Österr. Bundesverlag, Wien 1968); „Konditionstraining mit Musik" (Eigenverlag 1970); „Schitraining zu Hause mit Musik" (Verlag Styria, Graz 1972); „Sportlicher Schilauf" Band I und II (Offsetdruck Ing. H. Kurz, Langenwang 1973, 1975); „Österreichisches Schitraining" (Offsetdruck Ing. H. Kurz, Langenwang 1975); „Schulkurzturnen für HS und VS" (Verlag SHB Film, Wien 1975); „Schilauf - sportlich, situationsgerecht, sicher" (Offsetdruck Ing. H. Kurz, Langenwang 1978); „Mürzzuschlag, die Wiege des Schilaufes und sein Wintersportmuseum" 1962; „Bemerkungen zu Schulschikursen" (Leibesübungen/Leibeserziehung Heft 10, 1968); „Bemerkungen zur Technik und Methodik im Schilauf" (Leibesübungen/Leibeserziehung Heft 2, 1970); „Pflege des wettkampfmäßigen Schilaufes" (8. Interskikongreß in St. Moritz, Feb. 1970); „Sportlicher Schilauf" (Leibesübungen/Leibeserziehung Heft 2, 1979); „Sicherheitsorientierte Schitechniken und natürliche Bewegungsmuster" (Österr. Kuratorium für alpine Sicherheit, 1980); „Medizin und Sport, die Basis für neue Betrachtungsweisen im Schilauf" (Leibesübungen/Leibeserziehung Heft 7, 1981); „Schilauf, Quo vadis?" (Leibesübungen/Leibeserziehung Heft 5, 1981); „Grundlagen einer Schitechnik" (Leibesübungen/ Leibeserziehung Heft 1/2, 1982) „Bewegungsschulung und alpine Unfallvorbeugung"

(Österr. Kuratorium für alpine Sicherheit, 1982); Mitautor der Broschüre „Skilauf in der Schule" (1. Auflage 1982, 2. Auflage 1983 BMUK); „Trainingssystem zur Leistungsverbesserung" (Internationaler Fortbildungskurs für Sportmedizin, August 1984 in Velden); „Gewandtheitsschulung als Sicherheitsfaktor im Skilauf" (18. Kapruner Gespräche, November 1984); „DKB-System zur Früherkennung von Schäden am Bewegungsapparat" (Ski-Tenniswelt 12/1985); „Tennisarm" (Praxis - Magazin 3/1986); „Bemerkungen zum Stretching" (Leibesübungen/Leibeserziehung Heft 7, 1986); „Der Skilehrer - gestern - heute - morgen" (Austria Ski 2/1988); „Skilauf aus der Sicht natürlicher Muskelfunktionen" (Leibesübungen/Leibeserziehung Heft 1, 1990); „Ausdauerlauftraining - wozu?" (Running Broschüre 3/1990); „Das DKB-System für richtiges Bewegen im Alltag und Sport" (Sportmagazin 4/1990); „Leistungssteigerung und Wohlbefinden durch richtige Sportbekleidung" (Leibesübungen/Leibeserziehung Heft 46, 1992); „Skilaufen - Snowboardfahren" (Ski-News, Nr. 10, Sept. 1994); „Gedanken zum Skilauf um Torstangen" (Ski-News, Nr. 7, Nov. 1993);
„18 Jahre DKB-System und aktueller denn je" (adidas-News, 12/96); „Gedanken zur gymnastischen Atemschulung bei Atemstörungen" (Lungenärztetagung 11/96, Bad Waltersdorf).
„Schilauf für Beginner mit dem Soft-short-variable-System" (Fachseminar am Obertauern I/99)

Schilehrfilme:
„Vom Schulschilauf zum Rennschilauf" 1968
„Spielformen des Schilaufs" 1970

Entwicklung eines Fitneßgerätes - „Fitneßsticks"
Entwicklung eines Turngerätes - „Universallangbankgerät"
Entwicklung eines „anatomischen Schistockgriffes"
Entwicklung des weltweit ersten „Fußparcours"
in den Anlagen der Therme Bad Waltersdorf.
1996 Rondosan Fit- und Sit-Ball

steffner®
SPORT

In den STEFFNER-SPORT-Kollektionen wird in hohen Ausmaß Reine Schurwolle verwendet.

Der Einsatz der Naturfaser Schurwolle bringt vor allem folgende wesentliche Vorteile:

- Optimaler Temperaturausgleich (durch Hohlräume in der Faser)
- Hohe Hygroskopizität (Schurwolle nimmt Wasser bis zu 33 % des Eigengewichtes auf, ohne sich dabei feucht anzufühlen und gibt die Feuchtigkeit im gleichen Ausmaß an der Außenseite wieder ab)
- Reine Schurwolle unterbricht nicht die Energieströme des menschlichen Körpers
- Hautfreundlichkeit (durch Verwendung feinster Wollen und einer speziellen Verarbeitungstechnik)
- Rücksprungkraft (Schurwolle hat eine sehr hohe Elastizität, knittert nicht, beziehungsweise erholt sich sehr rasch)
- Hoher ökologischer Stellenwert (durch umweltschonende Produktionsverfahren und dem Material Reine Schurwolle, das ökologisch verrottbar ist)

Reine Schurwolle

steffner®
active wool

Matthäus Steffner Ges.m.b.H., Zauchenseestraße 109, A-5541 Altenmarkt
Tel. 06452-6622, Fax 06452-6550

Bekannt als Schneeloch mit
sportlichen Pisten war
Zauchensee schon oft Schauplatz
nationaler und internationaler
Veranstaltungen.
ZAUCHENSEE
FLACHAUWINKEL
KLEINARL
SALZBURGER
Sportwelt
AMADÉ
Zahlreiche Alpin-Weltcup-
Rennen, FIS-Rennen und
die Freestyle-Weltmeisterschaft '93
wurden hier ausgetragen.
Hier trainieren alljährlich
die Spitzenläufer der
Alpinen Skibewerbe für
den Saisonbeginn.
Das Skiparadies Zauchensee-
Flachauwinkl-Kleinarl ist
mit seinen Seilbahnen
und den anspruchsvollen
Abfahrten das
Skierlebnis der Extraklasse
mitten in der Salzburger
Sportwelt Amadé.
Das Weltcup-
Zentrum
für Alpin-Ski,
Freestyle und
Snowboard.

ATOMIC

Wilson

OXYGEN

asics

Füße hoch, Feierabend!
GRAVITY/TRIPOS: Design P. Opsvik
EKSTREM: Design Terje Ekstrøm
Entspannung!
Nähe braucht der Mensch.
Zu sich und Menschen, die er mag.
Mit GRAVITY, TRIPOS oder EKSTREM.
Bequem und rückenfreundlich.
Jeder wie er mag. Alle mit STOKKE.
STOKKE
MACHT DAS LEBEN SITZENSWERT
STOKKE · Rapsacker 14 · 23556 Lübeck · Fax: 0451-8 96 68 00
STOKKE AG · Panoramaweg 33 · CH-5504 Othmarsingen · Fax: 062-8 96 40 05
STOKKE Ges.m.b.H · Roittnerstraße 11 · A-5027 Salzburg · Fax: 0662-88 49 87
Wir senden Ihnen gerne unseren Prospekt und nennen Ihnen Fachhändler in Ihrer Nähe.
www.stokke.com